LA GUERRE AUX PAUVRES COMMENCE À L'ÉCOLE

Sur la morale laïque

DU MÊME AUTEUR

LE RASOIR DE KANT ET AUTRES ESSAIS DE PHILOSOPHIE PRATIQUE, Éditions de l'Éclat, 2003.

PENSER LA PORNOGRAPHIE, PUF, 2003, 2e édition mise à jour, 2008.

LA PANIQUE MORALE, Grasset, 2004.

LA PHILOSOPHIE MORALE, avec Monique Canto-Sperber, PUF, coll. « Que sais-je ? », 2004, 2e édition mise à jour, 2006.

POURQUOI TANT DE HONTE ?, Pleins Feux, 2005.

LA MORALE A-T-ELLE UN AVENIR ?, Pleins Feux, 2006.

L'ÉTHIQUE AUJOURD'HUI. MAXIMALISTES ET MINIMALISTES, Gallimard, 2007.

LA LIBERTÉ D'OFFENSER. LE SEXE, L'ART ET LA MORALE, La Musardine, 2007.

LES CONCEPTS DE L'ÉTHIQUE. FAUT-IL ÊTRE CONSÉQUENTIALISTE ?, avec Christine Tappolet, Hermann, 2009.

LA VIE, LA MORT, L'ÉTAT. LE DÉBAT BIOÉTHIQUE, Grasset, 2009.

LE CORPS ET L'ARGENT, La Musardine, 2010.

L'INFLUENCE DE L'ODEUR DES CROISSANTS CHAUDS SUR LA BONTÉ HUMAINE, ET AUTRES QUESTIONS DE PHILOSOPHIE EXPÉRIMENTALE, Grasset, 2011.

RUWEN OGIEN

LA GUERRE AUX PAUVRES COMMENCE À L'ÉCOLE

Sur la morale laïque

BERNARD GRASSET
PARIS

ISBN 978-2-246-80505-2

1.

LA NOSTALGIE DE LA MORALE

Peu après mai 1968, l'enseignement de la morale disparut des écoles, avec les blouses grises et les bonnets d'âne[1].

À part quelques fétichistes, personne, depuis, n'a ouvertement plaidé en faveur d'un retour à l'uniforme obligatoire et aux châtiments sadiques à l'école publique.

La nostalgie de la morale, en revanche, est vite revenue[2].

Elle est même de plus en plus envahissante.

---

1. Marie Piquemal : « Dans la France post-68, la morale est devenue un gros mot à l'école », *Libération*, 31 août 2011, entretien avec l'historien de l'éducation Claude Lelièvre.

2. François Béguin, « 1882-1912 : L'éternel retour de la morale à l'école », *Le Monde*, 3 septembre 2012.

La guerre aux pauvres commence à l'école

En quatre ans seulement, de 2008 à 2012, trois projets différents visant à ramener la morale à l'école ont été annoncés en grande pompe par des ministres de l'Éducation, deux de droite et un de gauche, comme si c'était une priorité nationale[1].

La nécessité d'un tel enseignement ne saute pourtant pas aux yeux. J'essaie, dans ce livre, de montrer que le projet de restaurer des cours de morale à l'école est confus philosophiquement et dangereux politiquement. À mon avis, la meilleure des choses qui pourrait lui arriver, c'est qu'il ne soit jamais réalisé[2] !

---

1. *Ibid.*

2. Je développe, dans ce livre, certaines des idées présentées dans « Quelle morale et pour qui ? L'éternel retour de la morale à l'école », *La vie des idées*, http://www.laviedesidees.fr/, 6 décembre 2011, puis dans un chapitre de *L'État nous rend-il meilleurs ? Essai sur la liberté politique*, Paris, Gallimard, 2013. Les progrès en philosophie (si on peut parler de progrès) étant assez lents, il y a certainement des parties qui se recoupent, mais elles sont toutes reprises ici dans une perspective différente, plus *spécifique* : celle du débat autour de l'état de l'institution scolaire dans la France d'aujourd'hui.

2.

L'ENNEMI INTÉRIEUR

Dans toutes les écoles de la République une instruction civique est dispensée. Elle initie les élèves au fonctionnement des institutions démocratiques. Elle définit ainsi leurs devoirs, mais aussi leurs droits et leurs libertés (ce qu'il ne faudrait surtout pas oublier !).

Personne n'a jamais contesté l'intérêt et l'utilité de ce programme.

Pourquoi faudrait-il le compléter par des cours de morale, dont on ne sait pas exactement en quoi ils pourraient consister, ni à quoi ils pourraient servir ?

Pendant très longtemps, ce supplément de travail pour les professeurs et les élèves était justifié par des considérations ultra-patriotiques.

Grâce à l'éducation morale, disait-on, les enfants de la République deviendront de braves petits soldats, courageux et disciplinés, bouleversés à la vue du drapeau national, connaissant *La Marseillaise* par cœur, prêts à verser l'« impôt du sang » pour défendre la patrie contre ses *ennemis extérieurs*.

Dans les premiers manuels de morale pour les écoles publiques, à la fin du XIXᵉ siècle, cette justification est explicite (et tellement grandiloquente qu'il est difficile de la prendre au sérieux aujourd'hui).

« Nous devons servir notre patrie avec désintéressement. Son honneur est le nôtre. Tout bon Français doit prendre parti pour elle et contre ceux qui l'ont offensée, et être prêt à se sacrifier pour venger son honneur[1]. »

L'enseignement de la morale devait aussi convaincre les jeunes filles que leur rôle était d'aider les hommes à partir à la guerre, de

---

1. Louis Boyer, *Le livre de morale des écoles primaires (cours moyen, cours supérieur) et des cours d'adultes*, Paris, éditions des Équateurs, 2011, d'après l'édition originale de la Librairie classique internationale A. Foureau, 1895, p. 140.

les soutenir de leur amour fidèle et inconditionnel pendant qu'ils y étaient, et de s'occuper du foyer sans se plaindre s'ils n'en revenaient pas.

[« Les femmes] doivent inspirer à leurs enfants l'amour du pays et, quand la patrie les réclame, loin de chercher à les retenir, elles doivent les encourager à faire vaillamment leur devoir, comme les mères spartiates, qui, en remettant leurs boucliers à leurs fils, leur disaient : "Reviens avec ou dessus", ce qui voulait dire : Reviens vainqueur ou mort[1]. »

Il n'est peut-être pas nécessaire de faire une vaste enquête d'opinion pour savoir que ce genre de justification de l'instruction morale est devenu obsolète.

Aucun ministre de l'Éducation nationale, je crois, ne pourrait déclarer aujourd'hui, sans passer pour une sorte d'*Hibernatus* revenu dans notre monde après avoir été congelé pendant un siècle, qu'il souhaite rétablir l'instruction morale pour former des guerriers prêts à perdre un bras, une jambe (ou les deux) dans des combats d'honneur,

---

1. *Ibid.*, 27ᵉ leçon, « Le patriotisme des femmes ».

et pour préparer les jeunes filles à s'en occuper ensuite, une fois qu'ils auront été bien abîmés.

Pourtant, si ces idées n'ont plus cours dans les ministères de l'Éducation nationale, une certaine forme de paranoïa continue d'inspirer les projets qui s'y forment.

Mais au lieu d'être dirigée contre des ennemis extérieurs, elle vise désormais un *ennemi intérieur.*

Quel ennemi ?

Dans certaines déclarations publiques, il est assez clairement désigné. Il s'agit de ceux « *qui ne partagent pas les valeurs de la République* ».

Qui sont ces réfractaires ?

Les monarchistes, les traditionalistes, qui n'ont jamais accepté les valeurs liberté ou égalité ? Les fanatiques des marchés qui rejettent la valeur fraternité ?

Non, bien sûr !

En réalité, « ceux qui ne partagent pas les valeurs de la République » est un nom de code qui sert à désigner une population désavantagée socialement, stigmatisée par un flot incessant de propos alarmistes sur le

« refus de l'intégration » ou la montée du « fondamentalisme religieux »[1].

Ainsi, peu de temps après avoir été reconduit dans ses fonctions de ministre de l'Éducation nationale, Vincent Peillon annonce solennellement le retour à l'école de la morale « laïque ».

Ce n'est évidemment pas parce qu'il estime que les lycéens de Louis-le-Grand ou d'Henri-IV ne sont pas assez moraux ou pas assez *laïcs*[2] !

Pourquoi « laïque » d'ailleurs ?

Si l'intention était seulement de redonner le goût de la solidarité et du « vivre ensemble » à des élèves soumis à la « propagande des marchands[3] », comme il lui arrive de le suggérer, annoncer la restauration de la morale au sens vague de l'altruisme aurait dû suffire.

---

1. Éric Fassin, *Démocratie précaire. Chroniques de la déraison d'État*, Paris, La Découverte, 2012 ; Raphaël Liogier, *Le mythe de l'islamisation*, Paris, Seuil, 2012.

2. Vincent Peillon, « Le retour de la morale jusqu'en terminale », entretien avec Adeline Fleury, *Le Journal du dimanche*, 2 septembre 2012.

3. AFP, « Vincent Peillon pour l'enseignement de la morale laïque », *lexpress.fr*, 2 septembre 2012.

En ajoutant « laïque », le ministre laisse penser que son objectif est moins vague et moins généreux. Il vise plus certainement (ou au moins autant) les jeunes de certains quartiers populaires, présumés à la fois violents, incivils et en pleine régression *obscurantiste*[1].

En fait, derrière le projet de restaurer des cours de morale à l'école, laïque de préférence, il y a sans doute différentes idées qui s'entremêlent.

Il me semble que l'une des plus récurrentes consiste à souligner qu'un tel enseignement pourrait permettre de « civiliser » les nouveaux barbares, ceux qui « pourrissent l'école », et portent ainsi atteinte au « contrat social » dans ses bases mêmes (rien que ça)[2].

Dans cette version moderne, dirigée contre l'ennemi intérieur, le projet de ramener la morale à l'école est massivement approuvé.

---

1. Il ne s'en cache pas vraiment d'ailleurs : *ibid.*

2. Stéphane Moulin, « Laïcité : de quoi es-tu le nom ? », *Les cahiers de l'émancipation*, « Pour une école émancipatrice », sous la dir. de Nicolas Béniès, 2012, p. 15-22 ; Cécile Carra, Daniel Faggianelli, *Les violences scolaires*, Paris, PUF, 2011, p. 79-84.

Un sondage effectué en France après l'annonce du ministre a d'ailleurs montré que 91 % des personnes interrogées l'appréciaient : 98 % des sympathisants de la gauche de gouvernement, 97 % des centristes, 89 % des électeurs de droite, et même 86 % des catholiques pratiquants[1] !

Bien sûr, la méthodologie de l'enquête est un peu douteuse, mais cela ne suffit pas à invalider entièrement les conclusions[2].

Le projet de ramener la morale laïque à l'école séduit manifestement beaucoup de monde, à droite comme à gauche, chez les croyants comme chez les incroyants. Il

---

1. Sondage Ifop effectué du 4 au 6 septembre 2012 pour *Ouest-France* (*Dimanche Ouest-France*, 8 septembre 2012).

2. On demandait en effet à un petit groupe de personnes supposées représentatives de la société : « Êtes-vous pour l'introduction à l'école de cours de morale laïque durant lesquels seraient enseignés aux enfants les comportements du vivre ensemble en société ? » Qui pouvait dire qu'il était contre ? Si la question posée avait été : « Êtes-vous pour l'introduction à l'école de cours de morale laïque durant lesquels serait enseigné aux enfants ce qu'est le bien, le mal, le vice et la vertu ? », les résultats auraient été probablement moins unanimes !

repose cependant sur une idée profondément conservatrice : le problème principal
de notre société ne serait pas l'existence d'un
système économique et social profondément
injuste, qui exclut, entre autres, des milliers
de jeunes qui n'ont pas la « chance » d'avoir
la couleur, le nom ou la religion qu'il faut.

Ce qui devrait nous inquiéter, c'est le
conflit des valeurs morales !

En affirmant que la France a besoin d'un
« redressement moral » avec des accents réactionnaires un peu gênants pour tous ceux qui
veulent soutenir ce gouvernement[1], l'actuel
ministre de l'Éducation nationale, dont les
engagements à gauche sont pourtant incontestables, consacre l'hégémonie de la pensée
conservatrice sur le sujet de l'école, comme
d'autres ministres de gauche l'ont consacrée,
par leurs déclarations, sur l'immigration ou
la sécurité. C'est une tendance qu'il faut, je
crois, essayer de combattre sans se lasser.

Certains penseurs estiment que le conflit
politique principal au XXIe siècle est celui qui
oppose la « civilisation » (pacifique, tolérante,

---

1. Peillon, « Le retour de la morale jusqu'en terminale », *op. cit.*

pluraliste, ouverte, etc.) et la « barbarie » (violente, intolérante, intégriste, fondamentaliste, etc.)[1]. Ce diagnostic inspire leur vision de ce qu'il faut faire ou ne pas faire à l'école et ailleurs.

D'autres estiment que ce qui doit plutôt nous préoccuper, c'est le conflit entre les conservateurs, qui sont pour la liberté de s'enrichir sans limites et contre la liberté des

---

1. Il existe des versions philosophiques de ces idées populaires. Ainsi Alain Renaut dresse un constat pessimiste à propos des thèses de Jürgen Habermas relatives à la possibilité d'un accord pacifique dans les sociétés pluralistes d'aujourd'hui. Il juge ces thèses dépassées par l'apparition de citoyens exprimant leur désaccord en termes religieux, sans aucun souci de chercher un vocabulaire que tout le monde pourrait partager, et sans exclure la violence : Alain Renaut, « Les prochaines guerres seront-elles des guerres de religion ? », *Les Ateliers de l'éthique*, vol. 7, n° 3, automne 2012, p. 13-18. En réalité, il y a toujours eu, dans les démocraties libérales, des tentatives d'exprimer des revendications sans souci de mobiliser des arguments que tout le monde pourrait comprendre et accepter. Ce qui caractérise nos démocraties, c'est que ces revendications ne peuvent pas recevoir de traduction politique dans la formulation et la justification des lois par exemple. La situation n'a évidemment pas changé avec l'apparition de mouvements politiques religieux violents.

mœurs, et les progressistes, qui sont contre les inégalités économiques et sociales, et pour une plus large liberté des mœurs.

C'est ce deuxième conflit qui déchire, par exemple, la société américaine, les républicains radicaux représentant le camp conservateur, et les démocrates libéraux, le camp progressiste, sur le sujet de l'école comme sur tous les autres[1].

La différence entre les deux camps n'est pas toujours évidente.

Ainsi, les conservateurs n'arrêtent pas de dénoncer les « intégristes » venus d'ailleurs parce qu'ils seraient intolérants, misogynes, et homophobes. Ils pourraient presque passer pour des anciens « soixante-huitards »[2].

Mais dès qu'un problème concret se pose (mariage gay, homoparentalité, droit de finir sa vie comme on le souhaite, avortement), on voit tout de suite dans quel camp ils sont

---

1. Cass R. Sunstein, « The Election – I », *The New York Review of Books*, 8 novembre 2012 ; Ronald Dworkin, « The Election – II », *The New York Review of Books*, 8 novembre 2012 ; Diane Ravitch, « School Reform : A Failing Grade », *The New York Review of Books*, 29 septembre 2011.

2. Fassin, *Démocratie précaire. Chroniques de la déraison d'État, op. cit.*

vraiment : certainement pas du côté de l'égalité des droits des minorités sexuelles et de l'extension des libertés individuelles.

Dans ce qui suit, je prends clairement parti pour l'idée que le conflit le plus important aujourd'hui est celui qui oppose les conservateurs et les progressistes.

Ce qui doit nous préoccuper, ce n'est pas la prétendue « menace intégriste », mais l'offensive des conservateurs contre les idées de justice sociale et de libertés individuelles, à l'école et ailleurs[1].

---

1. J'aurais pu écrire « contre les idéaux égalitaires et libertaires », ce qui aurait été plus précis que « contre les idées de justice sociale » (dont il existe plusieurs conceptions, certaines n'étant pas égalitaires) et contre les libertés individuelles (dont la liste est finalement assez ouverte et ne se limite pas nécessairement à la liberté des mœurs et des styles de vie pour laquelle je plaide). Mais cela m'aurait entraîné trop loin dans une analyse philosophique du conservatisme, qui ne serait pourtant pas inutile, comme le suggère Martin Gibert (communication personnelle).

3.

L'ÉTERNEL RETOUR
DE LA MORALE À L'ÉCOLE

Lorsqu'en septembre 2012, deux jours avant la rentrée des classes, Vincent Peillon, dernier en date des ministres de l'Éducation nationale, fit sonner la cloche à sa façon en déclarant, sur tous les supports de communication disponibles, que sa priorité serait de faire revenir la morale à l'école, personne n'aurait dû être étonné[1].

Ce genre d'annonce est devenu, semble-t-il, un ticket d'entrée que tout ministre de l'Éducation nationale doit payer aujourd'hui lorsqu'il s'installe, quelles que soient les mesures concrètes qu'il prendra (ou plutôt ne prendra pas) ensuite. Ce qui est

---

1. AFP, « Vincent Peillon pour l'enseignement de la morale laïque », *op. cit.*

plus surprenant, c'est qu'il ait réussi à faire passer ce projet pour une idée de gauche particulièrement originale[1] !

En effet, les deux ministres qui avaient occupé le poste juste avant lui étaient notoirement de droite. Or ils avaient annoncé un projet similaire en s'attirant les sarcasmes, et parfois la colère des syndicalistes[2].

Ainsi, en 2008, Xavier Darcos, ministre d'un gouvernement de droite, remplace l'éducation civique par « *l'instruction civique et morale* » dans le cadre des nouveaux programmes du primaire.

L'arrêté du 9 juin 2008 fixant ces programmes prévoit que les élèves « *découvrent les principes de la morale, qui peuvent être présentés sous forme de maximes illustrées et expliquées par le maître au cours de la journée : telles que* "La liberté de l'un s'arrête où commence celle d'autrui", "Ne pas faire à autrui ce que je ne voudrais pas qu'il me fasse", *etc.* »

---

1. Vincent Peillon, « Le retour de la morale jusqu'en terminale », *op. cit.*
2. Béguin, « 1882-1912 : L'éternel retour de la morale à l'école », *op. cit.*

Ce projet fut abandonné au profit de celui de Luc Chatel, qui annonça, en août 2011, le retour des leçons de morale à l'école primaire : « *Pas forcément tous les matins, mais le plus régulièrement possible, le maître va maintenant consacrer quelques minutes à un petit débat philosophique, à un échange sur la morale.* »

Dans une circulaire, le ministère précisait : « *Il s'agit avant tout d'aider chaque élève à édifier et renforcer sa conscience morale dans des situations concrètes et en référence aux valeurs communes à tout "honnête homme".* »

Pour ce qui concerne ce deuxième projet, les plus modérés des syndicalistes avaient dénoncé une manœuvre « destinée à masquer les véritables problèmes de l'école, que ce soit les suppressions de postes ou bien le manque de moyens mis en œuvre dans les établissements pour aider les élèves en difficulté » et « une opération de communication destinée à flatter un électorat conservateur toujours demandeur d'ordre moral[1] ».

Il est difficile de nier que ce fût l'une des motivations politiques du ministère, qui

---

1. « Polémique autour du retour de la morale à l'école », *France 24*, 2 septembre 2011.

devait faire face à la montée de l'indignation des écoles publiques et privées, en raison de la paupérisation organisée de ces institutions.

Même si on est disposé à donner un peu plus de crédit au projet de Vincent Peillon, qui ne néglige pas ces problèmes matériels, il faut bien reconnaître que sa principale innovation, c'est son appellation[1].

Ce qui sera enseigné, dit le ministre, ce ne sera pas la morale tout court, mais la morale « *laïque* ».

Certains ont pensé qu'il fallait prendre cette référence à la morale « *laïque* » comme une sorte d'hommage d'État à Jules Ferry, qui créa l'enseignement de la morale à l'école publique il y a 130 ans, sous la IIIᵉ République[2].

Mais c'est peu plausible en réalité car l'actuel ministre de l'Éducation nationale,

---

1. Béguin, « 1882-1912, L'éternel retour de la morale à l'école », *op. cit.*
2. Jules Ferry, « Lettre du ministre de l'Instruction publique aux instituteurs, en date du 17 novembre 1883 », dans *Discours et Opinions de Jules Ferry*, publiés avec commentaires et notes de Paul Robiquet, Paris, Armand Colin, 1893, tome IV, p. 259-267.

spécialiste reconnu de la pensée républicaine de cette époque, savait sans doute que son illustre prédécesseur avait parlé d'un enseignement de la morale à *l'école laïque*, et non d'un enseignement de morale *laïque*[1].

D'ailleurs, il n'a jamais vraiment cherché à justifier publiquement son projet de faire enseigner la morale « laïque » plutôt que la morale tout court, en se plaçant officiellement et exclusivement sous le patronage de Jules Ferry. Dans une société où vivent de nombreuses victimes ou descendants de victimes de la colonisation française, l'invocation de l'un de ses promoteurs, défenseur de surcroît de la supériorité de la civilisation occidentale, n'aurait pas été spécialement bienvenue.

De fait, l'objectif du ministre n'était pas, officiellement, de ressusciter l'école d'il y a

---

1. La meilleure interprétation de ce choix terminologique, c'est qu'il permettait d'éviter de laisser penser qu'il pourrait y avoir plusieurs morales, l'une étant laïque et les autres pas : Denis Peiron, « La morale laïque à l'école, une question controversée », *la-croix.com*, 2 septembre 2012 ; Liliane Maury, *L'enseignement de la morale*, Paris, PUF, 1999.

130 ans[1]. Il était, de son propre aveu, purement politique et inspiré par des considérations liées à l'actualité. Il estimait qu'en
proposant d'instaurer un enseignement de
morale laïque, il pourrait créer un consensus,
au-delà du clivage gauche-droite[2].

Pour éviter, sans doute, qu'on prenne son
annonce pour une simple opération de communication, comme celles de ses prédéces-
seurs de droite, il a tenu à préciser ce que
serait concrètement cet enseignement, avant
même de connaître les conclusions de la
commission qu'il avait constituée pour le
définir[3].

---

1. C'est pourquoi, probablement, il n'a même pas
cherché à faire référence officiellement à Ferdinand
Buisson, inspirateur de Jules Ferry, auquel il voue
un culte personnel, et qui parlait, lui, sans hésiter,
de « morale laïque ». Cette référence aurait donné à
son projet un côté trop partisan, et aussi trop *daté*.
2. Béguin, « 1882-1912 : L'éternel retour de la
morale à l'école », *op. cit.* C'est d'ailleurs cette quête
du consensus qui lui fut tout de suite reprochée par
des représentants de la « gauche de la gauche » :
François Cocq, Francis Daspe, « La loi d'orientation
scolaire : pour une école du peuple », *Libération*,
9 octobre 2012.
3. Cette mission comprend évidemment une spécialiste des idées de Ferdinand Buisson, Laurence

Cet enseignement sera dispensé par des professeurs spécialement formés pour cette tâche. Il sera sanctionné par des notes et des examens, depuis l'école primaire jusqu'à la terminale (la maternelle étant pour le moment épargnée). La méthode sera celle de l'éveil à la pensée critique, de la réflexion rationnelle, de la prise de conscience personnelle, hors de tout dogme. L'enseignement traitera les sujets suivants : la « connaissance des règles de la société, du droit, du fonctionnement de la démocratie, mais aussi toutes les questions qu'on se pose sur le sens de l'existence humaine, sur le rapport à soi, aux autres, à ce qui fait une vie heureuse ou une vie bonne[1] ». Il ne sera pas neutre. Il donnera la vision de la République « de ce que sont les vertus et les vices, le bien et le mal, le juste et l'injuste[2] ». Ce qui justifie l'engagement, c'est l'idée que si la République ne défend pas ses « valeurs », d'autres

---

Loeffel, mais aucun philosophe au fait des développements récents de la pensée morale dans le monde.

1. Peillon, « Le retour de la morale jusqu'en terminale », *op. cit.*

2. *Ibid.*

groupes (« intégristes », « communauta-
ristes ») finiront par imposer les leurs.

Ce projet présente trois difficultés philosophiques.

1) Il ignore les objections, discutées
depuis l'Antiquité, relatives à la possibilité
même d'*enseigner* la morale par des cours et
des examens notés.

2) Il ne distingue pas suffisamment la
question du *juste* et celle du *bien*, qui est
pourtant au centre de tous les débats en philosophie morale depuis Kant.

3) Il accorde un crédit excessif à la *raison*
dans sa possibilité de justifier l'adhésion aux
valeurs de la République.

De ces trois points de vue, il ne se distingue nullement des projets précédents et
soulève les mêmes questions.

1) Est-il possible d'enseigner la morale à
l'école ?

2) Est-il souhaitable d'enseigner la morale
à l'école ?

3) Quelle morale, et pour qui ?

J'examinerai ces questions *philosophiques* en priorité.

D'abord parce que c'est seulement sous l'angle philosophique que je me sens capable de parler d'un projet qui concerne l'école, sujet qui mobilise des milliers de spécialistes plus compétents que moi.

Mais aussi parce que si je parviens à démontrer l'inanité philosophique du projet, je pourrai peut-être susciter chez le lecteur l'envie de savoir ce qu'il cache.

Il vaut mieux se dire que si les ministres et leurs conseillers sont un peu laxistes dans leur usage des notions philosophiques, ce n'est pas par ignorance ou irrationalité : c'est parce qu'ils visent, en réalité, tout autre chose que la rigueur philosophique.

Dans ma conclusion, je suggère que l'un des objectifs politiques de ces annonces nostalgiques, peut-être pas le plus manifeste, est de créer un consensus sur le dos des plus défavorisés, ceux à qui on ne demande pas et on ne demandera jamais leur avis.

On peut voir aussi ces annonces dans une perspective plus large, comme un nouvel épisode de la guerre intellectuelle contre les pauvres, celle qui vise à les rendre entièrement responsables de l'état de dépossession dans lequel ils se trouvent.

Cet état ne serait pas une conséquence du fonctionnement d'un système social qui ne cesse de produire des injustices, mais de leur « *immoralité* ».

4.

EST-IL POSSIBLE D'ENSEIGNER LA MORALE ?

Le projet de faire revenir la morale à l'école part du postulat que la morale *peut* s'enseigner au moyen de cours et d'examens, comme si c'était une connaissance théorique du même genre que la physique-chimie ou l'histoire-géographie.

Il ne tient pas compte du fait que ce postulat n'a rien d'une vérité d'évidence, et qu'il est disputé depuis l'Antiquité[1].

Tous ceux qui se sont intéressés à cette question classique de philosophie morale par goût intellectuel, par obligation scolaire, ou parce qu'ils n'avaient rien de mieux à

---

1. Monique Canto-Sperber, dir., *Les paradoxes de la connaissance. Essais sur le* Ménon *de Platon*, Paris, Odile Jacob, 1991.

31

faire, se souviennent des interrogations du jeune Ménon dans l'ouvrage de Platon qui porte son nom.

« Peux-tu me dire, Socrate, si la vertu s'enseigne ? Ou si elle ne s'enseigne pas mais s'acquiert par l'exercice ? Et si elle ne s'acquiert ni par l'exercice ni ne s'apprend, advient-elle par nature ou d'une autre façon[1] ? »

À ces questions, Socrate ne propose pas de réponse directe (Socrate ne serait pas Socrate s'il répondait directement), mais il fait remarquer que, pour enseigner la vertu, il faudrait d'abord savoir en quoi elle consiste, ce qui n'est pas une mince affaire, et il faudrait savoir ensuite si la connaissance de la vertu pourrait suffire à rendre les gens vertueux, ce qui n'est pas facile non plus.

La morale *peut-elle* s'enseigner ?

Et si son enseignement est possible, doit-il se faire de façon magistrale au moyen de cours et d'examens ? Ne consiste-t-il pas

---

1. Platon, *Ménon*, trad. Monique Canto-Sperber, GF-Flammarion, 1991, p. 125.

plutôt à montrer l'exemple, et à donner l'envie de le suivre ?

Les examens de morale devront-ils vérifier la *connaissance* de l'histoire des idées morales, celle des principes de la morale, ou la moralité des *conduites* de l'élève ?

L'élève devra-t-il seulement montrer qu'il *sait* ce qu'est la vertu, ou devra-t-il prouver qu'il est *devenu vertueux* grâce au programme ?

Toutes ces questions philosophiques se ramènent en fait à une seule plus terre à terre : l'enseignement de la morale laïque devra-t-il ressembler à celui des sciences naturelles ou de la natation ?

Savoir nager ne consiste évidemment pas à être capable de décrire les mouvements de la brasse sur une copie d'examen !

Et si apprendre la morale laïque, c'est comme apprendre à nager, si c'est la transformation des conduites de l'élève qui est visée, comment sera-t-elle évaluée ? En soumettant l'élève à des tentations (tricher, voler, mentir, tromper, etc.) pour voir s'il y résiste ? En instaurant une surveillance permanente des élèves en dehors de l'école par des agents spécialisés ? En construisant des confessionnaux « laïques » où l'élève devra avouer au professeur de morale ses péchés contre le « vivre ensemble » ou le bien commun ?

Le projet de ramener la morale à l'école de l'été 2011, soutenu par la droite, proposait des solutions concrètes[1]. Mais elles ont suscité un certain scepticisme à droite, et une franche hilarité à gauche.

Le but affiché du programme était très explicitement de contribuer en général au « développement moral de l'enfant », et, plus précisément, de lui permettre de se construire une « conscience morale » et un « jugement par la réflexion collective et individuelle », un sens de la liberté individuelle « composante fondamentale de toute société démocratique[2] ».

La circulaire conseillait aux enseignants de faire apprendre par cœur aux élèves des « maximes lapidaires » qui contiennent un enseignement moral car leur mémorisation est aisée. La maxime morale était présentée

---

1. Circulaire nº 2011-131 du 25 août 2011 relative à l'instruction morale à l'école primaire.
2. *Ibid.*

comme le « support privilégié de la démarche pédagogique ».

Dans un document du ministère, la morale des fables de La Fontaine était même citée en exemple : « Tel est pris qui croyait prendre », « La Méfiance est mère de la sûreté », « Patience et longueur de temps font plus que force ni que rage », etc.

Comme moyen de se construire une « conscience morale » par la réflexion personnelle et collective, ainsi qu'un sens de la liberté individuelle « composante fondamentale de toute société démocratique », qui sont, après tout, les objectifs affichés de cet enseignement, il y a peut-être des moyens plus adaptés !

Dans un entretien abondamment cité, l'actuel ministre de l'Éducation nationale préfère s'en tenir à une définition moins exigeante de l'enseignement de la morale, et les méthodes ne sont pas encore définies.

Mais on voit déjà quelles seront leurs faiblesses.

L'enseignement de la morale dite désormais « laïque » ne devra pas seulement viser la transmission de la connaissance des règles de la société, du droit, du fonctionnement de la démocratie. Son but sera aussi de garantir l'éveil aux questions qu'on se pose sur « le sens de l'existence humaine, sur le rapport à soi, aux autres, à ce qui fait une vie heureuse ou une vie bonne[1] ».

Le ministre insiste cependant sur le fait que la République devra faire prévaloir sa propre vision sur ces questions des vices et des vertus, du bien et du mal, du juste et de l'injuste, sans quoi d'autres le feront à sa place. Il fait allusion aux « intégristes », aux jeunes les plus grossiers et les plus violents à l'école et en dehors, ainsi qu'à tous les autres ennemis potentiels de la République. Il ajoute aussi parfois aux « marchands » pour rappeler ses engagements à gauche[2].

Il semble croire, alors, que l'enseignement magistral de la morale laïque ne changera pas seulement les connaissances mais aussi les *conduites* des élèves les plus indisciplinés.

Pourtant le point de départ du ministre (l'état catastrophique de l'école aujourd'hui)

---

1. Peillon, « Le retour de la morale jusqu'en terminale », *op. cit.*

2. AFP, « Vincent Peillon pour l'enseignement de la morale laïque », *op. cit.*

rend le point d'arrivée (la morale pour sauver l'école) pour le moins douteux.

Pour justifier le retour de la morale à l'école, et de façon plus générale le projet de « refonder l'école », le ministre insiste sur tout ce qui ne marche pas, aujourd'hui, dans l'institution scolaire, des incivilités à l'échec massif.

Mais si les choses vont si mal, comment des cours de morale pourraient-ils les changer ?

C'est ce que j'appelle le « paradoxe du catastrophisme ».

Il disqualifie, à mon avis, tous les projets de faire revenir la morale à l'école, qu'ils soient « laïques » ou pas, de droite ou de gauche, lancés par le gouvernement ou par la « société civile ».

5.

LE PARADOXE DU CATASTROPHISME

Tout ouvrage documentaire ou romancé qui présente le collège comme un enfer brutal[1], où règnent la violence physique, le vandalisme, l'indiscipline et l'effondrement des normes de civilité, a semble-t-il des chances assez élevées de trouver une large audience.

Ce qui vaut pour la littérature vaut aussi pour le cinéma, où les films sur les enseignants confrontés à des élèves quasi barbares constituent un genre à part entière[2].

On augmente, apparemment, ses chances de succès si on proclame que l'école d'au-

---

1. Mara Goyet, *Collège de France*, Paris, Fayard, 2003.

2. Le film plus classique du genre est *Blackboard*

jourd'hui est une « *fabrique à crétins*[1] », ou une machine à produire des illettrés (en insultant au passage des masses d'individus traités comme s'ils possédaient moins de valeur humaine du simple fait qu'ils n'ont pas pu, ou pas su, profiter pleinement de l'apprentissage scolaire), qu'elle est devenue incapable de remplir ses fonctions de base : apprendre à lire, écrire, compter, amener les jeunes à obtenir des diplômes dont l'importance sociale est considérable.

On peut faire encore plus fort en proclamant que l'école est en pleine « décadence » parce qu'elle est devenue trop *démocratique* (les élèves ne se lèvent plus à l'arrivée des professeurs, ils ont leur mot à dire sur des problèmes d'organisation interne de l'école, et les parents aussi : quel scandale !), trop

---

Jungle (*Graine de violence*) réalisé en 1955 par Richard Brooks. En France, Jean-Claude Brisseau l'avait renouvelé avec *De bruit et de fureur*, en 1988. *La journée de la jupe*, réalisé par Jean-Paul Lilienfeld, sorti en 2009, avec Isabelle Adjani dans le rôle principal, est celui qui rassemble le plus grand nombre de clichés propres au genre.

1. Jean-Paul Brighelli, *La fabrique du crétin. La mort programmée de l'école*, Paris, Jean-Claude Gawsewitch éditeur, 2005.

pluraliste en matière religieuse (on peut manger « halal » ou « cachère » dans certaines cantines : où sont passées nos traditions ?), trop *tolérante* à l'égard des attitudes plus décontractées, et plus libres des jeunes d'aujourd'hui (on s'habille comme on veut, on flirte dans la cour, on fume à la sortie : on est passé directement de l'école-caserne aux maisons closes !)[1].

Ces critiques ne sont pas nouvelles, et elles rencontrent un certain écho chez les plus nostalgiques de l'école du passé. Ce qui est nouveau, c'est que certains penseurs veulent en tirer des conclusions agressives contre la démocratie, le pluralisme religieux, et la tolérance en matière de mœurs *en général*. Du fait que, d'après eux, ces principes ne marchent pas à l'école, ils

---

1. On reconnaîtra les propos de ceux qu'on a pris l'habitude d'appeler les « nouveaux réactionnaires », les Zemmour, Millet, les militants de Riposte laïque, etc. : Renaud Dely, « Les néo-fachos et leurs amis », *Le Nouvel Observateur*, 20-26 septembre 2012. Voir aussi Alain Finkielkraut, « Enseigner la morale laïque ? », propos recueillis par Caroline Brizard et Arnaud Gonzague, *Le Nouvel Observateur*, 20-26 septembre 2012.

affirment qu'ils ne peuvent marcher nulle part !

Le raisonnement est fallacieux du début à la fin.

D'abord, ces principes ne marchent pas plus mal que ceux qui autorisaient les maîtres à tirer les oreilles des élèves, ou qui forçaient les élèves à cacher leur appartenance religieuse quand elle n'était pas chrétienne.

Ensuite, même si ces principes ne sont pas pertinents pour l'école, il ne s'ensuit pas qu'ils ne peuvent pas l'être ailleurs.

Il n'empêche qu'un discours radical sur les ravages de la démocratie prospère sur le fond d'une description effrayante de la vie quotidienne dans les établissements scolaires des quartiers populaires[1].

Il y a aussi le débat, qui n'a rien de pacifique, autour des méthodes.

On accuse ceux qui voudraient diminuer l'importance des notes, des examens, du redoublement, de la concurrence permanente, de la sélection précoce, d'être des gauchistes irresponsables, aveuglés par des conceptions pédagogiques égalitaires absurdes, dont

---

1. *Ibid.*

l'application finirait par causer l'effondrement complet de l'école publique[1].

Ces mesures sont pourtant régulièrement proposées par des spécialistes dont la sensibilité politique est tantôt de droite, tantôt de gauche. Leur pertinence est reconnue par tous les observateurs de bonne foi depuis très longtemps. Elles ont même, souvent, abouti à de bons résultats[2].

À première vue, il serait plus sage de ne pas politiser de façon outrancière ces questions. Mais telle n'est pas du tout l'intention de ceux qui attaquent la « modernisation pédagogique » pour obtenir la médaille de « nouveau réactionnaire », une récompense assez recherchée aujourd'hui, au désespoir des quelques « pédagogues » qui restent encore en activité.

Ces diagnostics catastrophistes posent plusieurs problèmes différents. Le principal

---

1. Je fais allusion, entre autres, aux critiques de Philippe Nemo, *La France aveuglée par le socialisme*, Paris, Bourin éditeur, 2011.
2. Pasi Sahlberg, *Finnish Lessons. What Can the World Learn from Educational Change in Finland ? »*, New York, Teachers College Press, 2011.

est peut-être celui de savoir pourquoi ils plaisent à tant de gens.

Mais c'est un problème psychologique que je préfère laisser de côté.

Ce qui m'intéresse plutôt, ce sont les questions *épistémologiques* : Quels sont les faits ? Comment sont-ils établis ? Comment les explique-t-on ? Quel est leur sens ?

En examinant ces questions, on peut voir, je crois, que le catastrophisme ne s'impose pas au regard des faits.

C'est une option parmi d'autres, dont le choix est inspiré par des considérations plutôt idéologiques.

Désaccords sur les faits

On peut parfaitement estimer que la situation scolaire est difficile, et que la relation pédagogique est devenue plus problématique, au collège en particulier, tout en restant sceptique à l'égard des récits les plus alarmistes.

Les aspects les plus spectaculaires des « maux » qui accableraient l'école de la République (agressions d'élèves entre eux ou envers les professeurs, violences verbales et physiques des parents contre les professeurs) sont souvent construits à partir d'anecdotes frappantes si on peut dire, plutôt que d'enquêtes quantitatives qui permettraient de mieux apprécier l'ampleur du phénomène et ses différentes formes[1].

Les agressions les plus graves, celles qui relèvent de la loi commune et du fait divers (irruption de parents à l'école pour gifler un professeur devant sa classe, homicides entre élèves pour des « raisons futiles », etc.) restent assez rares. Mais elles peuvent être considérées néanmoins comme « particulièrement significatives », ce qui contribue à renforcer l'image effrayante de l'école d'aujourd'hui[2].

De façon générale, la « violence scolaire » est une appellation qui couvre une très large gamme de conduites qu'il ne faudrait peut-être pas confondre : des vannes désobli-

---

1. Éric Debarbieux, « Pédagogie contre violence. Entretien avec Éric Debarbieux », propos recueillis par Martine Fournier, *Sciences humaines*, « L'école en questions », septembre 2010.
2. Voir annexe 1 : « Statistiques violences scolaires : la prudence s'impose ! ».

geantes aux insultes racistes, du harcèlement psychologique contre des « faibles »
aux coups et blessures, de la provocation
envers les enseignants aux agressions physiques, etc.

Tous ces comportements sont dits « antisociaux » par les chercheurs les plus spécialisés[1]. Comment les mesurer plus exactement
pour s'empêcher d'exagérer, et éviter de tout
confondre ?

On sait que dans ce domaine, l'instrument
utilisé pour mesurer influence la mesure
elle-même. Les données varient selon la
définition du comportement « antisocial »
qui est choisie.

Lorsque cette définition inclut le fait de
ne pas dire « bonjour » quand on est de mauvaise humeur, il est normal que les quantités
de violences enregistrées par les enquêtes
soient très élevées. Mais elles ne prouvent
pas que l'école de la République est à feu et
à sang !

Les données varient aussi selon les
moyens qui sont mis en œuvre pour comp-
tabiliser les actes dits « antisociaux » : plus

---

1. Carra, Faggianelli, *Les violences scolaires, op. cit.*

on est nombreux à en chercher, plus on va en trouver, évidemment[1].

Si on s'en tient aux agressions déclarées à la police ou à la hiérarchie administrative, on obtient, bien sûr, des chiffres beaucoup plus bas que lorsqu'on réalise une enquête dite de « victimation » reposant sur des déclarations aux sociologues du genre : « *Dans les six derniers mois, on m'a harcelé cinq fois, on m'a menacé dix fois, et j'ai tapé trois élèves* », etc.[2].

Dans les deux cas, les réponses peuvent être biaisées. Sous-estimation pour les déclarations dont le coût social est élevé : à la police (si elles ne sont pas fondées, elles peuvent donner lieu à des poursuites), ou à la hiérarchie (elles peuvent, entre autres, dévaloriser l'enseignant ou l'élève en tant que victime sans caractère). Mais aussi surestimation pour les déclarations aux sociologues ou aux psychologues dont le coût social est faible (les répondants peuvent avoir envie de dire des choses qui pourraient intéresser les enquêteurs, plus avides de drames que du

---

1. *Ibid.*, p. 48.
2. *Ibid.*, p. 45.

« rien à signaler », et ils ne risquent aucune sanction en cas d'exagération).

Quand on réfléchit calmement à ces questions, on se dit qu'il y a quelque chose qui ne va pas dans les discours sur les actes de violence ou d'incivilité.

Pourquoi qualifie-t-on d'« incivilités » les tags et les graffitis et non l'envahissement des espaces publics par des panneaux publicitaires ?

Pourquoi qualifie-t-on d'« incivilités » les brutalités verbales des jeunes des quartiers défavorisés et non celles des détenteurs d'autorité (magistrats, policiers, enseignants, etc.) alors qu'il s'agit aussi d'« incivilités » ?

En fait, ce qu'on appelle « incivilités », c'est, la plupart du temps, certaines conduites agressives quand elles sont le fait des plus pauvres, des classes dites « dangereuses ».

On pourrait en conclure que les « incivilités » ne sont pas traitées de la même manière selon qu'elles sont le fait de puissants ou de misérables.

Les désaccords ne portent pas seulement sur les violences ou les incivilités à l'école, leur importance et les raisons de les qualifier ainsi. Ils concernent aussi tous les autres « maux » qui, de l'avis à peu près général, minent l'école en France (ceux de l'Université étant supposés aussi accablants mais différents).

Les plus embarrassants pour une société qui se prétend démocratique, ce sont les inégalités considérables entre les élèves dans la maîtrise des savoirs de base (lire, écrire, compter) à la sortie de l'école primaire. Nombre d'entre eux, qui ont pourtant été scolarisés, restent illettrés. Il y a aussi des différences dans l'accès aux diplômes : une quantité importante d'élèves qui ont pourtant fait tout le cursus n'en obtiennent *aucun*[1].

Dans la presse, la dramatisation de ces faits est assez systématique.

---

1. On peut ajouter qu'en France, 13,2 % seulement de la population dispose d'un diplôme supérieur à bac + 2, 30 % a, au plus, le certificat d'études, et près de 60 % des plus de 65 ans n'ont aucun titre scolaire, ce qui montre tout le chemin qu'il reste encore à parcourir pour rendre la possession de ces ressources moins inégale : Observatoire des inégalités, « Les inégalités en France », *Alternatives économiques*, hors-série poche, n° 56, septembre 2012, p. 34-46.

La guerre aux pauvres commence à l'école

L'institution scolaire française est présentée comme un « système archaïque qui jette nos enfants dans une compétition féroce dont ne peuvent se sortir les plus fragiles : 15 à 20 % d'enfants laissés aux portes de la culture écrite ; 150 000 exclus du système chaque année ; un bonnet d'âne dans les classements internationaux[1] ».

Les experts en classement (une discipline à part entière désormais) ont pourtant montré qu'il fallait être prudent à propos de ces données. Les classements internationaux sont construits selon des critères qui sont loin d'être incontestables, même s'ils donnent des informations intéressantes sur les évolutions à l'intérieur du cadre qu'ils ont établi. Par ailleurs, les lamentations sur la dégradation de la maîtrise de l'écriture ou des capacités de lecture renvoient à un âge d'or où tout le monde connaissait son orthographe et parlait sans fautes de grammaire, âge d'or qui n'a probablement jamais existé[2].

---

1. Vincent Remy, « La gauche peut-elle sauver l'école ? », *Télérama,* 12 septembre 2012.
2. Bernard Lahire, *L'invention de l'« illettrisme »,* Paris, La Découverte/poche, 2005.

Désaccords sur l'explication

Il y a, c'est évident, des désaccords importants sur les faits, mais il y en a d'autres, encore plus importants, à propos de leur *explication*.

On peut reconnaître la validité des données relatives au nombre important d'élèves qui quittent l'école sans diplôme en France (ce n'est pas un secret)[1], aux déficits dans la transmission des savoirs de base (c'est plus compliqué, mais pas impossible à établir), et même, dans une certaine mesure, aux « violences scolaires » (un accord minimal

---

1. En gros, près de 20 % des jeunes quittent chaque année l'école sans diplôme ni qualification, 23 % des élèves des filières professionnelles échouent au CAP, 26 % au BEP, et autant d'étudiants ou presque abandonnent leurs études supérieures : Philippe Testard-Vaillant, « La longue route vers l'âge adulte », *Journal du CNRS*, n° 236, septembre 2009. Voir aussi Pierre Cahuc, Stéphane Carcillo, Olivier Galland et André Zylberberg, *La machine à trier. Comment la France divise sa jeunesse*, Paris, Eyrolles, 2011 ; Rachid Bouhia, Manon Garrouste, Alexandre Lebrère, Layla Ricroch, Thibaut de Saint Pol, « Être sans diplôme aujourd'hui en France : quelles caractéristiques, quel parcours et quel destin ? », *Économie et statistique*, n° 443, 2011, p. 29-35.

pourrait être atteint sur ce point) et s'opposer sur l'*identification des causes* de ces faits.

Pour les uns, ce qui les explique, ce sont les inégalités économiques et sociales de départ que rien ne permet de compenser par la suite.

C'est aussi l'inégalité des moyens matériels qui sont investis, les élèves les plus riches étant beaucoup mieux dotés que les plus pauvres, à travers, entre autres, le type d'établissement qu'ils fréquentent et les filières dans lesquelles ils se retrouvent.

Ces inégalités se traduisent concrètement par le manque de ressources (en termes de formation, d'équipement, et même de rétribution), dont disposent les enseignants qui sont exposés au plus difficile, non seulement instruire, mais aussi aider à compenser toutes sortes de handicaps sociaux[1].

Pour les autres, les causes de ces phénomènes sont morales et psychologiques : perte d'autorité des enseignements, effondrement du goût de la connaissance et de l'effort,

---

1. Observatoire des inégalités, « Les inégalités en France », *op. cit.*

manque de discipline, méthodes pédagogiques « laxistes », etc.

L'opposition entre ces deux points de vue, qu'on peut appeler «*pragmatiste*» et «*moraliste*», est parfois exprimée brutalement mais clairement : « L'école, ce n'est pas de plus de professeurs qu'elle a besoin (…). Elle a besoin d'autorité[1]. »

Personnellement, je préfère les explications pragmatistes, celles qui insistent sur les difficultés matérielles (pas assez de professeurs, pas assez de débouchés, etc.) plutôt que sur les problèmes moraux (pas assez d'autorité, disparition du goût des humanités, etc.).

Elles ont au moins l'avantage d'être plus aisément vérifiables ou réfutables[2].

---

1. Maryline Baumard, Aurélie Collas, « 2013, l'année où il faut devenir enseignant », *Le Monde*, 22 septembre, 32012, qui citent Jean-François Copé, membre dirigeant du parti de droite UMP. Voir aussi Jean-Baptiste de Froment, ex-conseiller de Nicolas Sarkozy (2007-2012) chargé de l'éducation nationale : «Non pas plus de profs, mais de meilleurs enseignants », *Le Monde*, 5 septembre 2012 ; Ravitch, « School Reform : A Failing Grade », *op. cit.*

2. Voir annexe 2 : « L'explication de l'échec scolaire : une question ouverte ? ».

Désaccords sur le sens des faits

Il y a des désaccords sur la meilleure façon de décrire les faits, et d'autres, aussi importants, à propos de leur *explication*. Il en existe d'autres, enfin, sur leur *signification*.

Prenons la violence scolaire. L'idée que la rébellion « aveugle » de certains élèves est intrinsèquement mauvaise n'est pas acceptée par tout le monde. Pour la plupart des observateurs, les comportements violents à l'école expriment de graves pathologies sociales. Mais pour une petite minorité qui n'a pas nécessairement tort, ils sont seulement révélateurs de la *bonne santé populaire* (l'astuce étant de se débrouiller pour ne pas y être trop souvent exposé[1] !).

Par ailleurs, certains considèrent que le « décrochage scolaire » et toutes ses expressions préliminaires (absentéisme, incivilités, etc.) ne sont que l'expression d'une certaine *lucidité populaire*.

D'après eux, les « décrocheurs » estiment que l'école sert surtout à réduire les plus

---

1. Béatrice Mabilon-Bonflis, « Face à la violence scolaire, la pédagogie ? », *The Huffington Post*, 23 septembre 2012.

pauvres au silence parce qu'ils n'ont pas les bonnes manières, à les remettre à leur place en leur faisant comprendre que, s'ils sont au plus bas de l'échelle sociale, ce n'est pas à cause du « système » (qui leur offrirait, en réalité, toutes les chances de s'élever socialement), mais en raison de leur nullité profonde, de leur immoralité, de leur stupidité naturelle[1].

Et ces « décrocheurs » n'ont pas forcément lu Bourdieu avant de se faire une opinion[2] !

---

1. Carra, Faggianelli, *Les violences scolaires, op. cit.* La situation en France n'est pas exceptionnelle de ce point de vue : Jean Barbe, Marie-France Bazzo, Vincent Marissal, dir., *De quoi le Québec a-t-il besoin en matière d'éducation ?*, Ottawa, Leméac, 2012. Pour Patrick Savidan, ces critiques sont adressées depuis longtemps aux politiques dites d'égalité des chances, qui aboutissent en fait à « blâmer la victime » : voir son *Repenser l'égalité des chances*, Paris, Grasset, 2007. Je suis bien d'accord. Ces politiques supposent que le système de compétition étant lui-même juste et ouvert, les échecs, les exclusions, les misères enracinées, proviennent des incompétences personnelles des compétiteurs. Ils relèvent de la responsabilité individuelle et ne sont pas des injustices.

2. Pierre Bourdieu a rendu ces idées populaires, par ses ouvrages sur l'école et l'Université, ceux en particulier écrits avec Jean-Claude Passeron, dont *La reproduction*, Paris, Minuit, 1970.

Ils ont simplement pris la mesure de la situation économique générale qui prive des millions de personnes de l'accès à un emploi satisfaisant et correctement rémunéré. Ils savent que leur destin risque d'être celui des exclus. Ils ont le sentiment de perdre leur temps et leur énergie inutilement, dans un endroit souvent sinistre, toujours extrêmement contraignant.

Pourquoi accepteraient-ils de continuer de jouer à ce jeu-là ? Pourquoi accepteraient-ils de subir ces tortures psychologiques permanentes, alors qu'elles ne sont même plus une garantie d'avoir une vie décente par la suite ?

Bref, il n'est pas absurde de penser qu'un certain nombre de jeunes font sécession pour de bonnes raisons : parce que l'école est, pour eux, une voie de garage, et une source d'humiliation permanente[1].

---

1. Carra, Faggianelli, *Les violences scolaires, op. cit.* ; Barbe *et alii, De quoi le Québec a-t-il besoin en matière d'éducation ?, op. cit.*

Quelle politique ?

Passons aux problèmes de politique.

Il ne faut pas oublier, d'abord, que même si tous ces déficits de l'école étaient avérés, ils ne dérangeraient pas tout le monde.

En dépit d'une adhésion de surface massive aux discours officiels qui prônent la nécessité de réduire les inégalités les plus frappantes à l'école, il n'est pas évident qu'elle soit accompagnée de la volonté que les choses changent vraiment, même à gauche.

Il y a, en effet, des groupes sociaux qui profitent de ces inégalités. Ils n'ont aucune envie qu'elles disparaissent. Ils ne veulent surtout pas que les plus pauvres et leurs enfants se rapprochent d'eux socialement. Ils font tout pour que le système de sélection actuelle, entièrement à l'avantage des plus favorisés socialement, se perpétue. Ils ont toutes les raisons de se réjouir du fait que l'institution, comme elle fonctionne concrètement, permet de tenir à distance les catégories inférieures, en les stigmatisant, en les

rendant responsables de leur situation infé-
rieure[1].

Tolérance zéro

Plaçons-nous cependant du côté de ceux
qui aimeraient que les choses changent.

Pour les plus catastrophistes, la meilleure
façon d'y arriver serait de remplacer tous les
élèves par d'autres mieux élevés, tous les
enseignants par d'autres moins laxistes, et,
mieux encore, toute la société de divertisse-
ment et de consommation sans limites par
une autre où les humanités classiques
auraient la priorité[2] !

Mais comme cette « solution » n'est pas
vraiment réaliste, ils n'hésitent pas, en

---

1. François Dubet, « Les "points durs" ne sont pas
abordés frontalement », entretien avec Aurélie Collas,
Le Monde, 10 octobre 2012.

2. C'est la solution dont certains semblent rêver :
voir, entre autres, Alain Finkielkraut, « Enseigner la
morale laïque ? », *op. cit.*, et « Avant le cogito, il y a
bonjour », dans Claude Habib, Philippe Raynaud,
dir., *Malaise dans la civilité*, Paris, Perrin, 2012, p. 17-
26.

attendant, à recommander la répression la plus ferme pour les fauteurs de trouble, qu'il ne faut surtout pas, disent-ils, chercher à « excuser » en invoquant les discriminations qu'ils subissent[1].

Ils nous rappellent que des milliers de jeunes défavorisés ne disent rien, baissent la tête, essaient de rendre leurs devoirs à temps même s'ils savent qu'ils auront de mauvaises notes, et n'insultent personne. C'est la preuve qu'on peut être pauvre, humilié, et savoir se tenir !

Cet argument ultra-conservateur ne sort pas de la bouche de personnages fictifs complètement indifférents aux problèmes matériels des pauvres, mais passionnés par les problèmes de cœur des riches (comme on en trouve dans les romans de Charles Dickens).

Il est, hélas, utilisé dans le monde réel, par des penseurs qui passent leur temps à dénoncer la « décadence » de notre société, où tout « fout le camp », ce qui ne veut pas dire, pour eux, qu'il y a de plus en plus de gens qui n'ont pas de travail et de ressources

---

1. *Ibid.*

matérielles pour vivre décemment, mais que les hiérarchies sociales et culturelles ne sont plus respectées, et que la galanterie a tendance à disparaître[1].

La fameuse politique dit de « tolérance zéro », qui a été appliquée en dehors de l'école, devient pour eux un modèle, implicite ou explicite, pour le traitement des « violences scolaires », en dépit de ses limites désormais bien connues.

Qu'est-ce que la « tolérance zéro » ?

La parabole de la vitre brisée

Depuis une vingtaine d'années, un peu partout dans le monde occidental, des responsables politiques militent pour que certaines conduites dites « inciviles » qui n'étaient pas considérées comme des délits soient désormais qualifiées ainsi.

Les conduites visées sont principalement celles des jeunes des quartiers défavorisés : « vannes » désobligeantes à l'égard des

---

1. *Ibid.*

passants, réunions dans les cages d'escalier, graffitis, etc. Des lois sont d'ailleurs passées en France pour pénaliser certaines d'entre elles.

L'idée sous-jacente n'est pas que ces conduites sont *en elles-mêmes* de graves atteintes aux biens et aux personnes, mais seulement qu'elles sont la première étape d'un engrenage qui conduira forcément à en commettre.

On commence par ne pas dire « bonjour », et on finit par mettre le feu au collège. Si on veut empêcher que les collèges soient réduits en cendres, il faut sanctionner sans indulgence les petites impolitesses.

La parabole de la vitre brisée est servie pour convaincre ceux qui pensent que cette hypothèse est un peu trop paranoïaque.

Imaginez un bâtiment dont une vitre est brisée.

Supposez qu'elle ne soit pas immédiatement remplacée. Que se passera-t-il ? Certaines personnes malintentionnées en déduiront que le bâtiment est abandonné, et qu'il sera bientôt délabré. Elles n'auront aucun scrupule à briser les autres.

La guerre aux pauvres commence à l'école

Il s'ensuivra immanquablement que toutes les vitres de l'immeuble seront brisées[1] !

Cette parabole est censée nous enseigner deux choses :

1) Si le responsable d'une infraction n'est pas condamné immédiatement, il récidivera.

2) Si le responsable d'une infraction n'est pas condamné avec toute la sévérité que la loi autorise, il *dérivera* progressivement de la petite délinquance au crime[2].

Ces « leçons » ultra-répressives de la parabole de la vitre brisée inspirent la politique dite de « tolérance zéro »[3].

---

1. James Q. Wilson, George L. Kelling, « Broken Windows. The Police and Neighborhood Safety », *The Atlantic Monthly*, mars, 1982.

2. *Ibid.*

3. Elles ne sont pourtant pas celles qui auraient pu être tirées du fameux article de Wilson et Kelling, « Broken Windows », *op. cit.* Les auteurs insistaient sur le fait que le sentiment d'insécurité n'était pas une *conséquence* de la délinquance, mais plutôt une cause. Une vitre cassée signale un lieu sans loi, ce qui donne aux délinquants un sentiment d'impunité, et une sorte de « permis » de commettre des infractions plus graves. Cette analyse conduisait les auteurs à recommander une police de proximité qui veille à ce que l'environnement physique et humain ne soit pas dégradé, plutôt qu'une police répressive.

Pourtant cette politique, qui séduit tant nos catastrophistes scolaires, est dénoncée comme un leurre par les spécialistes.

Il n'est pas du tout établi que des infractions mineures, si elles ne sont pas immédiatement et sévèrement réprimées, conduiront nécessairement à commettre des infractions majeures.

On donne souvent l'exemple de la ville de New York pour prouver que cette politique est efficace. En effet, la délinquance enregistrée avait considérablement baissé quand elle y fut appliquée dans les années 1990. Mais dans d'autres grandes villes des États-Unis, la délinquance enregistrée *avait baissé dans les mêmes proportions* à la même époque sans que la « tolérance zéro » y ait été instaurée. Certains ont donc fait l'hypothèse que le facteur déterminant de la baisse de la délinquance à New York n'était pas la politique de « tolérance zéro ».

Ce qui aurait joué principalement, c'est le bon état de l'économie à l'époque, ou l'arrivée dans la vie active d'enfants moins violents, car plus désirés que vingt ou trente ans auparavant, grâce à la diffusion de la contraception et à la légalisation de l'avortement[1] !

La politique de « tolérance zéro » n'est pas seulement en attente de preuves : ses bases philosophiques sont bancales.

Elle repose en effet sur l'argument de la « pente glissante », qui est utilisé pour tout et n'importe quoi.

Pensez au débat autour du mariage gay. Ceux qui s'y opposent vous disent : « Si on autorise le mariage gay, on permettra l'inceste, la pédophilie et la polygamie. » Argument de la pente glissante !

Même chose pour l'avortement. Ceux qui s'y opposent vous disent : « Si on autorise l'avortement, on permettra l'infanticide. » Argument de la pente glissante !

Pareil enfin pour l'euthanasie. On vous dit : « Si on autorise l'euthanasie pour les personnes en fin de vie qui souffrent terriblement, on l'acceptera pour les vieux, les pauvres, les personnes seules ou les handicapés. » Argument de la pente glissante !

---

1. Steven D. Levitt, Stephen J. Dubner, *Freakonomics*, (2005), trad. Anatole Muchnik, Folio-Gallimard, 2007.

Le paradoxe du catastrophisme

Cet argument conservateur classique est du même niveau intellectuel que le proverbe : « Qui vole un œuf vole un bœuf », proverbe qui pose un problème épistémologique qui n'a pas été résolu à ce jour.

Pourquoi celui qui vole un œuf volerait-il un bœuf ? Ce n'est jamais expliqué.

Le plus grave est qu'une politique inspirée par l'argument de la pente glissante est incompatible avec les principes de droit pénal les plus progressistes.

Dans une société qui n'est pas exagérément répressive, on punit les gens pour ce qu'ils ont fait ou commencé à faire, non pour ce qu'ils risquent de faire un jour.

Or tous ceux qui sont obsédés par l'argument de la pente glissante admettent qu'on puisse punir sévèrement quelqu'un non pas en raison de la gravité de ce qu'il a fait, mais de la gravité de ce qu'il (ou d'autres que lui) risquerait de faire plus tard !

À ce compte, un juge pourrait vous emprisonner à perpétuité s'il estimait que vous seriez capable de tuer toute personne qui insulterait votre mère dans les années à venir.

Ce serait un changement profond de notre système pénal. On passerait d'un système fondé sur la culpabilité à un autre construit autour de l'idée de « dangerosité » qu'on risquerait, à l'usage, de ne pas trouver très rassurant[1].

C'est pourtant ce système que recommandent les apôtres de la « tolérance zéro », et ceux qui voudraient voir cette politique appliquée à l'école en France, dans une version à peine plus « soft ».

Le paradoxe du catastrophisme

J'aimerais surtout insister sur le piège dans lequel s'enferment ceux qui vont le plus loin dans ces descriptions catastrophistes de l'école, tout en soutenant l'initiative du

---

1. Pour Sophie Dufau (communication personnelle), c'est exactement le système qui se met déjà en place avec l'injonction de soins et les soins sous contrainte. On pourrait dire aussi que c'est celui qui inspire les multiples lois destinées officiellement à « prévenir la récidive ».

ministre en faveur du retour de la morale laïque à l'école[1].

Plus on décrit l'école comme un enfer, moins il est possible de voir comment il serait possible de changer cet état de choses. Plus on explique le prétendu effondrement de l'école en invoquant des déficits moraux comme la perte d'autorité, plus il est difficile de voir comment y remédier.

On pourrait certainement rétablir la terreur à l'école en revenant aux châtiments corporels les plus cruels, en instaurant une politique de « tolérance zéro » radicale. Mais comment restaurer cette autorité qui s'affirme sans la menace ni la force, la seule qui devrait compter en réalité à l'école ?

Plus on affirme que l'école est devenue le lieu de toutes les violences et de toutes les incivilités, moins il est raisonnable de penser qu'un enseignement de morale laïque, même obligatoire et sanctionné, pourrait être, pour les élèves, plus qu'un autre mauvais moment à passer.

---

1. C'est le cas, entre autres, d'Alain Finkielkraut. Voir « Enseigner la morale laïque ? », *op. cit.*

Soit on estime que les élèves sont intelligents et capables d'attention, et dans ce cas-là il ne sera pas irréaliste de leur proposer un enseignement de morale.

Soit on estime que les élèves sont des brutes, et il faudrait être vraiment naïf pour croire qu'un cours de morale pourrait suffire à les transformer.

Pour qu'un enseignement de la morale à l'école ait un sens, il faut présupposer que les élèves sont suffisamment ouverts aux autres et intelligents pour s'y intéresser.

Mais si c'est le cas, on pourra toujours se demander pourquoi il serait nécessaire de leur faire subir ce genre de cours.

À quoi servirait-il d'essayer de les rendre moraux s'ils le sont déjà suffisamment ?

Finalement, lorsqu'on s'interroge sur la possibilité même d'enseigner la morale à l'école, on ne peut éviter de se poser des questions plus générales sur le contexte dans lequel les professeurs sont censés inculquer les valeurs suprêmes de la République : liberté, égalité, fraternité.

Comment un enseignement de la fraternité peut-il être dispensé dans le contexte d'un système qui cultive la concurrence acharnée entre les élèves et les établissements scolaires ?

C'est une contradiction qui n'échappe pas à tout le monde !

« Enfin dans l'École, l'élève est soumis à des injonctions paradoxales : les programmes d'éducation à la citoyenneté prônent la solidarité, l'entraide, la coopération, l'intérêt général, l'acceptation de l'Autre, et le fonctionnement pratique de l'école requiert la compétition individuelle, encourage la réussite individuelle, pratique l'évaluation à outrance, la hiérarchisation des élèves, des séries, des établissements, accepte la ségrégation, parfois l'humiliation, le rejet de l'altérité[1]. »

Si le constat est juste, il faudra donner raison à ceux qui pensent qu'une véritable révolution culturelle serait nécessaire pour ajuster la réalité scolaire aux idéaux de la République !

« Tout en affichant un idéal égalitaire de façade, l'école française est tout entière

---

1. Mabilon-Bonflis, « Face à la violence scolaire, la pédagogie ? », *op. cit.*

conçue pour écrémer progressivement les meilleurs ou supposés tels, sélectionner les "pépites" qui formeront l'élite de la nation, et non pour promouvoir la réussite du plus grand nombre[1]. » Les politiques, de droite comme de gauche, ne devraient-ils pas lorgner vers les pays nordiques où les « méthodes scolaires ne sont fondées ni sur la compétition ni sur la sélection » et où les jeunes, sans avoir l'impression que leur destin se joue à l'école, « peuvent tenter des expériences après leurs études pour trouver leur voie, en vivant cette période de leur existence comme une source d'enrichissement et non d'instabilité destructrice[2] » ?

Par ailleurs, on peut se demander comment un enseignement de la liberté et de l'égalité pourrait être donné dans le contexte d'une institution organisée comme une armée, outrageusement centralisée et hiérarchisée, où les enseignants souffrent plus, finalement, du mépris et du contrôle

---

1. Testard-Vaillant, « La longue route vers l'âge adulte », *op. cit.*, qui cite des propos recueillis auprès d'Olivier Galland (entre guillemets).
2. *Ibid.*

permanent de leurs supérieurs que des provocations de leurs élèves[1].

Pour certains observateurs que l'état présent de l'école en France préoccupe, ce qu'il faudrait pour améliorer les choses, ce n'est pas plus d'autorité, de surveillance, de contrôle, mais *plus de démocratie* à tous les niveaux.

En ce qui concerne les conduites « antisociales » à l'école, par exemple, ils constatent que les établissements dans lesquels les élèves participent à l'élaboration du règlement intérieur sont, par la suite, les moins exposés aux actes de violence[2].

Cette hypothèse n'est probablement pas acceptée par tout le monde, mais elle mérite d'être explorée.

En tout cas, s'il fallait choisir entre deux moyens de rendre l'école plus satisfaisante pour ses membres, enseignants et élèves, ou bien introduire plus de démocratie à tous les

---

1. Mara Goyet, « À l'école des bureaucrates », *Le Monde*, 7-8 octobre 2012.
2. Michel Fize, propos rapportés dans « Prof : un métier à risques », *Direct Matin*, 17 septembre 2012.

niveaux, ou bien restaurer des cours de morale laïque, je n'aurais personnellement aucune hésitation.

Ce ne serait pas les cours de morale !

6.

EST-IL SOUHAITABLE
D'ENSEIGNER LA MORALE ?

Tous les projets de ramener l'instruction morale à l'école ont confondu la question du juste et celle du bien.

La première concerne nos *rapports aux autres* : dans quelle mesure sommes-nous respectueux, équitables, etc. ? La seconde est différente. Elle est celle de savoir ce qu'on va faire *de soi-même* : du style de vie qu'on veut mener, du genre de personne qu'on doit être, des ingrédients de la vie « bonne » ou « heureuse »[1].

---

1. La distinction entre le juste et le bien a été caractérisée de plusieurs façons différentes en philosophie politique et morale. Entre autres : l'adjectif « juste » s'applique aux institutions de base de la société, et « bien » à nos actions et relations personnelles ou privées ; « juste » s'applique aux impératifs

Faut-il être un épargnant raisonnable ou un flambeur ? Un lève-tôt qui essaie d'en faire le plus possible, ou un lève-tard qui essaie d'en faire le moins possible ?

Le moralisme consiste à privilégier une de ces visions du bien personnel, et tout programme scolaire qui prétend imposer aux élèves une certaine vision de ce bien au détriment des autres est *moraliste*.

La question, bien sûr, est de savoir pourquoi il faudrait rejeter le moralisme à l'école, et, de façon plus générale, le moralisme d'État.

---

universels kantiens, et « bien » aux idées du bonheur de chacun. Selon Nicolas Tavaglione (communication personnelle), on retrouve cette distinction entre le juste et le bien dans l'opposition de Hume entre les vertus artificielles – comme la justice – et les vertus naturelles – comme la sympathie. Celle que je propose ici est inspirée de l'opposition de John Rawls entre d'une part le *raisonnable*, c'est-à-dire notre disposition à proposer des termes de coopération équitables avec les autres (réciprocité, avantage mutuel, etc.), et, d'autre part, le *rationnel*, qui renvoie au souci de soi-même, de ses intérêts particuliers, de ses fins, de ses affections : John Rawls, *Libéralisme politique* (1993), trad. Catherine Audard, Paris, PUF, 1995, p. 76-83.

L'État ne doit-il pas se soucier du bien objectif des personnes qui vivent sur son territoire ?

Quand on rend l'école obligatoire, quand on oblige les gens à boucler leur ceinture de sécurité, quand on leur interdit de fumer dans les espaces publics fermés, est-ce qu'on ne privilégie pas une certaine conception du bien ?

N'est-on pas moraliste en ce sens ?

Les politiques publiques de santé, d'éducation, de protection des travailleurs, ne sont-elles pas moralistes par définition ?

Et si on est moraliste dans ces cas, n'est-ce pas une bonne chose ? Et pourquoi pas dans d'autres ?

Mais les politiques publiques de santé, et les autres obligations et restrictions imposées par l'État que j'ai citées sont justifiées, dans les démocraties libérales modernes, par deux principes qui ne sont nullement moralistes : le principe négatif de non-nuisance aux autres, et le principe de justice positive qui demande de donner à chacun la possibilité de réaliser la conception du bien qui a ses préférences.

Non-nuisance

On peut justifier une politique publique de santé ou d'éducation par le principe de ne pas nuire aux autres (les empoisonner, les tromper par des publicités mensongères, les ruiner, les maintenir volontairement dans un état d'ignorance ou de vulnérabilité, etc.), et non par le souci d'empêcher les gens de se nuire à eux-mêmes.

C'est clairement le cas pour les politiques qui interdisent de fumer dans les espaces publics fermés.

Elles ne portent pas atteinte, heureusement, au droit de chacun de s'empoisonner tranquillement chez lui (et elles pourraient être moins répressives, aussi, dans certains espaces publics fermés où fumer ne dérange personne. Mais c'est une autre histoire).

Sur ce point, les promoteurs de ces politiques suivent les idées de John Stuart Mill exprimées dans deux formules fameuses :

1) « La seule raison légitime que puisse avoir une communauté civilisée d'user de la force contre un de ses membres contre sa propre volonté, est d'empêcher que du mal ne soit fait à autrui. Le contraindre pour son

propre bien, physique ou moral, ne fournit pas une justification suffisante[1]. »

2) « Mais il y a une sphère d'action dans laquelle la société en tant que distincte des individus n'a – si jamais elle en a un – qu'un intérêt indirect. Il s'agit de cet aspect de la vie et de la conduite d'une personne qui *n'affecte qu'elle-même*, ou qui, si elle en affecte également d'autres, ne le fait qu'avec leur participation et leur *consentement volontaire*, et en toute connaissance de cause[2]. »

De ces formulations du principe de non-nuisance, il faut, je crois, retenir deux aspects principaux.

1) Il distingue les torts qu'on se cause à soi-même et ceux qu'on cause à autrui.

2) Il limite la classe des préjudices aux dommages graves, évidents, non consentis (et injustes en ce sens) causés intentionnellement à des personnes particulières.

---

1. John Stuart Mill, *De la liberté* (1859), trad. Fabrice Pataut, Presses Pocket, 1990, p. 39-40.
2. *Ibid.*, p. 43.

Le principe respecte donc la division entre le juste (à travers l'importance donnée au consentement, et l'injonction de ne pas nuire aux autres) et le bien (en acceptant le droit de se nuire à soi-même).

Donner à chacun la possibilité de réaliser la conception du bien qui a ses préférences

Une autre façon, plus positive, de justifier les politiques publiques de santé ou d'éducation consiste à affirmer qu'elles n'imposent aucune conception *particulière* du bien.

Elles donnent seulement à chacun la possibilité de réaliser la conception du bien qui a ses préférences[1].

Le fait de garantir cette possibilité *à tous* également relève du juste.

Au total, cette version positive respecte la division entre le juste et le bien, en rangeant l'égal respect de toutes les conceptions

---

1. Elle est inspirée par John Rawls, *Théorie de la justice* (1971), trad. Catherine Audard, Paris, Seuil, 1987.

raisonnables du bien dans la catégorie du juste et non du bien[1].

Il y a donc deux façons, au moins, de justifier les politiques publiques de santé, d'éducation, et de protection des plus vulnérables sans être moraliste :

1) négative ou dérivée du principe de non-nuisance ;

2) positive ou dérivée de l'idée qu'il faut donner à chacun la possibilité de réaliser sa propre conception du bien.

Autrement dit, l'argument des politiques publiques de santé, d'éducation, de protection des travailleurs, ne parle pas nécessairement en faveur du moralisme d'État.

Y a-t-il d'autres arguments qui pourraient le justifier ?

Oui. Ils partent du principe que tout État démocratique et libéral devrait être perfectionniste par principe. Ils ne sont pas plus convaincants.

---

1. *Ibid.*

L'argument perfectionniste

Pour les philosophes qui respectent le principe négatif de non-nuisance aux autres, ou celui, plus positif, de l'accès de tous aux biens de base, l'État doit se garder de toute tentation *perfectionniste*[1].

Il doit éviter de chercher à promouvoir un certain idéal de la vie bonne, fût-il celui de l'autonomie personnelle[2].

Leur raisonnement part de l'idée qu'il peut y avoir un accord sur la vie juste (c'est-à-dire sur ce que doivent être des rapports équitables entre les citoyens) mais, au mieux, un *désaccord raisonnable* sur la vie bonne (c'est-à-dire sur le style de vie personnel, plus ou moins individualiste ou traditionaliste, plus ou moins orienté vers la

---

1. Chez John Rawls, cette position est plus clairement affirmée dans son *Libéralisme politique, op. cit.,* que dans *Théorie de la justice, op. cit.,* p. 362-369. Sur le débat autour du perfectionnisme et de la neutralité éthique de l'État, voir *Perfectionism and Neutrality*, Steven Wall et George Klosko, dir., Oxford, Rowman & Littlefield Publishers, 2003.

2. Charles Larmore, *The Autonomy of Morality*, Cambridge, Cambridge University, 2008.

carrière, le plaisir, le loisir, le confort matériel, la vie de famille ou de communauté, etc.)[1].

Ils avancent trois ensembles de raisons en faveur de cette idée : 1) *sociologiques ou historiques* : ces idéaux sont, de fait, trop divergents dans les sociétés modernes pluralistes ; 2) *physiques et psychologiques* : ce qu'est une vie bonne dépend de la constitution naturelle de chacun, et cette dernière est variable ; 3) *conceptuelles* : il existe des difficultés intellectuelles propres au débat sur ce sujet particulier qu'est l'éthique et c'est pourquoi nos idéaux de la vie bonne sont pluriels et appelés à le demeurer[2].

En donnant l'avantage à l'un de ces nombreux idéaux controversés de la vie bonne, l'État mettrait en danger ce consensus à défaut duquel la stabilité politique de nos sociétés ne pourrait pas être garantie[3].

Les amis du libéralisme politique estiment que le principe de neutralité éthique de l'État implique non seulement le respect

---

1. John Rawls, *Libéralisme politique, op. cit.*
2. *Ibid.*, p. 83-87.
3. *Ibid*, p. 179-183.

de la pluralité des conceptions de la vie bonne et des styles de vie, mais aussi celui des doctrines morales d'ensemble.

Dans la justification de ses actions, l'État ne doit pas faire appel à une doctrine morale particulière, de la même façon qu'il doit mettre de côté toute référence à une doctrine religieuse particulière.

Ainsi, dans le régime pénal des démocraties libérales, le principe de neutralité religieuse interdit à l'État de faire payer des amendes ou d'emprisonner quelqu'un au nom de la Bible ou du Coran.

S'il respecte le principe de la neutralité éthique, il devrait aussi éviter de faire payer des amendes ou d'emprisonner au nom des doctrines de Kant ou d'Aristote.

Les perfectionnistes contestent ces conclusions, bien qu'ils revendiquent leur appartenance au même camp démocratique et libéral.

Ils estiment que le libéralisme politique ne doit pas mettre sur le même plan la morale et la religion.

Ils affirment que le libéralisme politique est non seulement compatible avec une certaine forme de perfectionnisme moral, *mais qu'il perdrait sa raison d'être* s'il ne visait pas à promouvoir l'idéal de l'autonomie personnelle, ce qui est évidemment un programme perfectionniste[1].

Dans ses versions les mieux construites, le perfectionnisme est lié à une conception de type aristotélicien : il faut promouvoir les facultés qui expriment le mieux l'essence ou la nature de l'homme[2].

Mais qu'est-ce que la « nature humaine » ? Pour le déterminer, il faudrait qu'il soit possible d'identifier des propriétés « essentielles », « nécessaires », à défaut desquelles on cesserait d'être « humain ».

Or on a toujours du mal à distinguer, dans l'ensemble des qualités d'un être (individu ou espèce), celles qui relèvent de son « essence » ou de sa « nature » et celles qui sont plutôt contingentes ou accidentelles.

Une modification de certaines des caractéristiques physiques typiques de l'être humain, comme sa durée de vie moyenne,

---

1. Joseph Raz, *The Morality of Freedom,* Oxford, Clarendon Press, 1986.
2. Thomas Hurka, *Perfectionism,* Oxford, Oxford University Press, 1996.

sa sensibilité à la douleur, sa perte progressive d'acuité auditive et visuelle et autres déficits liés à l'âge, changerait-elle la « nature humaine » ? Aurait-elle pour conséquence que l'être humain cesserait d'être « humain » ?

Une modification de certaines des caractéristiques psychologiques typiques de l'être humain, comme sa propension à être jaloux, envieux, agressif, changerait-elle la « nature humaine » ? Aurait-elle pour conséquence que l'être humain cesserait d'être « humain »[1] ?

Dans une certaine tradition philosophique, la *rationalité* est supposée être une qualité humaine « essentielle ».

Ceux qui suivent cette tradition devraient-ils conclure que certains ordinateurs sont plus humains que nous ? Ou que les personnes dans le coma ont cessé d'être humaines ?

Pour éviter ce genre de problèmes, et d'autres encore plus compliqués, certains philosophes parlent plutôt d'une « nature individuelle », qu'il faudrait épanouir autant que possible.

---

1. J'ai examiné ces questions plus longuement dans *L'éthique aujourd'hui. Maximalistes et minimalistes*, Paris, Gallimard, 2007.

Chacun aurait sa « propre nature », plutôt orientée vers le plaisir, l'étude, le sport, l'art, la jouissance immédiate ou la paresse.

L'État devrait seulement garantir que chacun puisse exprimer la sienne.

Mais c'est une autre façon de nier qu'il pourrait y avoir une politique d'État perfectionniste légitime, c'est-à-dire qui dicterait ce qui est bien pour les humains *en général* (et qui exclurait probablement le droit au plaisir ou à la paresse).

Si les politiques publiques de santé, de formation et de protection des plus vulnérables ne sont pas mises en place au nom de conceptions particulières du bien, et si le perfectionnisme est exclu, les politiques d'État moralistes ne peuvent pas être justifiées dans les démocraties pluralistes.

Toute politique d'État essayant d'imposer, *via* ses institutions, une certaine vision du bien, ou du sens de la vie, pourrait être contestée.

On pourrait concevoir un certain accord entre tous les citoyens sur l'importance du respect d'autrui, de l'équité ou de la réciprocité dans les relations interpersonnelles, c'est-à-dire du juste.

Il faudrait l'exclure pour le bien personnel, la vie bonne, ou le sens de la vie.

Sur la question du bien personnel, c'est-à-dire celle de savoir ce qu'est une « vie bonne » ou une « vie heureuse », ou le « sens de la vie », il y a des désaccords parfaitement raisonnables.

C'est l'accord qui serait irrationnel, et assez déprimant au fond aussi. Nous tenons à la diversité des styles de vie.

Quelles implications pour l'école ?

Dans l'école démocratique, laïque et pluraliste, il est légitime d'instaurer une instruction civique, dont l'objectif est d'enseigner le fonctionnement des institutions politiques, et de transmettre certaines connaissances qui pourraient permettre de favoriser la coexistence entre personnes dont les conceptions du monde sont divergentes.

Mais la légitimité d'une éducation morale obligatoire, dont l'ambition serait de nous indiquer le « sens de la vie », de nous engager dans la vie « bonne » ou « heureuse » est beaucoup moins évidente.

De ce point de vue, un programme d'enseignement d'une vision unique et supposée universelle du bien serait aussi contestable qu'un programme d'enseignement d'une religion particulière.

On reconnaît aux familles et à certaines associations le droit d'éduquer des jeunes dans le sens d'une religion plutôt qu'une autre. Mais pas à l'État démocratique, laïque, et pluraliste.

Il devrait en aller de même pour la vision du bien ou du sens de la vie.

En proclamant que l'école doit s'occuper du bien et du mal, des valeurs communes, de la vie bonne et heureuse et pas seulement du juste et de l'injuste, en affirmant que l'État doit donner sa « vision du bien », l'actuel ministre de l'Éducation nationale risque de porter atteinte au principe de respect du pluralisme moral, qui est aussi important, pour nos démocraties, que le principe de respect du pluralisme religieux.

Nous nous réjouissons, en majorité, de la neutralité religieuse de l'État.

Mais nous avons parfois tendance à oublier que sa neutralité à l'égard des visions du bien personnel est aussi importante.

Il ne faudrait pas que la neutralité éthique de l'État, cet acquis précieux, soit remis en cause pour des raisons finalement politiciennes, c'est-à-dire pour masquer les difficultés à donner les énormes moyens matériels nécessaires à une éducation publique de qualité, et l'importance des efforts budgétaires auxquels cela suppose de consentir en période de crise économique.

Pour éviter d'imposer des conceptions controversées du bien personnel à l'école, seule l'instruction civique, qui parle seulement de nos obligations à l'égard des autres, de nos droits, et des institutions qui les protègent, devrait y être envisagée.

L'enseignement de la morale, au sens de l'éducation à la vie bonne ou heureuse, ne devrait pas y avoir de place.

Neutralité éthique de l'État

Les problèmes philosophiques que pose l'idée de neutralité éthique de l'État n'étaient pas clairement envisagés au moment où l'instruction civique et morale prit la place de l'enseignement religieux dans les écoles publiques.

Dans sa fameuse lettre aux instituteurs du 17 novembre 1883, qui présentait les conditions d'application de la loi du 28 mars de la même année introduisant la morale à l'école républicaine, Jules Ferry posait que la raison et les valeurs communes pouvaient aussi bien fonder la morale que la religion[1]. Il était bien conscient du fait que cette loi pouvait sembler incohérente.

D'un côté, elle mettait « en dehors du programme obligatoire l'enseignement de tout dogme particulier ». D'un autre côté, elle plaçait au premier rang un enseignement moral et civique qui pouvait apparaître comme un dogme, puisqu'il affirmait un certain nombre de vérités morales premières « que nul ne peut ignorer ».

Pour Jules Ferry, l'instituteur, « en même temps qu'il apprend aux enfants à lire et à écrire, leur enseigne aussi ces règles élémentaires de la vie morale qui ne sont pas moins

---

1. Ferry, « Lettre du ministre de l'Instruction publique aux instituteurs, en date du 17 novembre 1883 », *op. cit.*

universellement acceptées que celles du langage et du calcul ».

Et il ajoutait, pour préciser ce qu'il enten-
dait par morale : « cette bonne et antique
morale que nous avons reçue de nos pères et
que nous nous honorons tous de suivre dans
les relations de la vie sans nous mettre en
peine d'en discuter les bases philosophiques[1] ».

Il faut dire que la moindre incursion philosophique dans ce domaine aurait montré
que la « bonne et antique morale », celle qui
permettait, entre autres, de justifier l'escla-
vage ou l'assujettissement des femmes,
n'était peut-être pas aussi universellement
acceptée que les règles de la grammaire et
du calcul.

Toutefois, ce qui est important, c'est que
la lettre aux instituteurs de Jules Ferry visait
essentiellement à montrer qu'une instruction morale systématique fondée sur des
valeurs communes d'une part, et le refus de
tout dogme d'autre part n'étaient pas du tout
incompatibles.

---

1. *Ibid.*

Mais la démonstration était loin d'être convaincante.

Tous les ministres de l'Éducation nationale qui ont succédé à Jules Ferry se débattent avec la difficulté qu'il leur a laissée : comment enseigner ce qui ressemble à un dogme en demandant aux élèves de refuser tout dogme ?

Comment arriver à un accord sur des valeurs communes par la discussion libre, alors qu'une discussion vraiment libre a plus de chances d'aboutir à un désaccord raisonnable sur les valeurs, y compris sur la valeur de l'autonomie et de la pensée critique ?

En fait, la suppression de la morale à l'école dans les années 1970, ou, plus exactement, son remplacement par un apprentissage citoyen, n'était pas un effet de la « corruption des esprits par la pensée 68 », comme l'affirment aujourd'hui les plus réactionnaires, mais une tentative un peu plus élaborée de surmonter la difficulté contenue dans la lettre aux instituteurs de Jules Ferry.

Séparer ce qui relève des règles de coexistence dans une société démocratique, et les conceptions du bien personnel, se contenter d'enseigner les premières à l'école publique, et renvoyer les secondes à la sphère privée, permettait de résoudre le conflit philoso-phique latent depuis la loi de 1883.

7.

IL N'Y A PAS
QU'*UNE* MORALE LAÏQUE !

Tous les projets visant à restaurer un enseignement de la morale à l'école présupposent que, si on laisse les enfants réfléchir rationnellement, penser librement, en dehors de tout dogme religieux ou politique, ils reconnaîtront nécessairement la grandeur des « valeurs de la République » : solidarité, altruisme, dévouement au bien commun, patriotisme, etc.

Mais la raison est malheureusement insuffisante pour justifier les « valeurs de la République ».

Même si c'est regrettable, la réflexion rationnelle peut parfaitement aboutir à rendre attrayantes des valeurs comme l'égoïsme, la concurrence acharnée, la récompense au mérite, et même l'argent.

Dans sa célèbre *Fable des abeilles*, Bernard Mandeville a, au début du XVIIIe siècle, défendu l'idée que les vices privés (l'intérêt égoïste purement matériel) pouvaient contribuer à la prospérité de tous (chacun travaille pour soi, et les biens de tous augmentent naturellement !).

C'est une thèse contestable, mais elle n'est pas irrationnelle.

On peut rejeter l'ensemble de ces valeurs « individualistes » au nom du « vivre ensemble », mais on ne peut pas dire qu'elles sont irrationnelles. On peut même recevoir un prix Nobel en les défendant (comme Milton Friedman).

En réalité, l'idée que la raison pourrait suffire à justifier les « valeurs de la République » est d'une grande *naïveté épistémologique*. Qu'est-ce que cela veut dire plus exactement ?

Je vais essayer de proposer une réponse plus longue et plus systématique à cette question qu'aux deux précédentes, parce qu'elle est, au fond, celle qui porte le plus directement sur la morale laïque.

Les questions « Est-il possible d'enseigner la morale ? », « Est-il souhaitable d'enseigner la morale ? » sont générales et concernent toute morale qui serait enseignée à l'école.

La question « La raison peut-elle suffire à justifier les valeurs de la République ? » n'est autre que celle de la possibilité même d'une morale *laïque* qui pourrait être enseignée à l'école.

Qu'est-ce que la morale laïque ?

L'originalité de la morale laïque ne se situe pas au niveau des principes, mais à celui de leur *justification*.

Les grands principes de la morale laïque, comme l'actuel ministre de l'Éducation les conçoit, pourraient être les mêmes que ceux qu'on trouve dans toutes les grandes religions : ne pas faire aux autres ce qu'on ne voudrait pas qu'ils nous fassent, ne pas faire du mal gratuitement, viser le bien commun, aider dans la mesure du possible, respecter les autorités (celles qui sont respectables), etc.

C'est ainsi qu'elle est conçue depuis ses débuts.

« Lorsqu'en 1882, l'instruction laïque et morale a remplacé l'instruction religieuse et morale, *"Tu aimeras ton prochain comme toi-même"* est devenu *"Ne fais pas à autrui ce que tu ne veux pas qu'il te fasse"*. C'est un autre habillage, mais c'est la même question fondamentale. C'est le noyau universel, intouchable[1]. »

Cependant, si les principes sont identiques, leur justification est différente.

Elle ne fait jamais appel aux traditions, ou aux révélations d'un livre sacré comme la Bible. Elle repose uniquement sur la *raison*. Ce qui pose bien sûr la question des relations entre raison et laïcité.

Il y a deux façons de l'aborder.

L'une relève plutôt de l'histoire politique et de l'histoire des idées. Elle insiste sur la spécificité française de la notion de laïcité, son inscription dans les conflits anciens et violents entre l'État républicain et l'Église

---

1. Patrick Cabanel, « Enseignement de la morale : une nostalgie de l'école de la IIIe République », *Le Monde*, 3 septembre 2012.

catholique. Selon cette tradition intellectuelle, le mot « laïcité » serait finalement intraduisible[1].

L'autre approche est seulement conceptuelle. Elle s'intéresse aux différentes façons de penser la laïcité aujourd'hui (qui s'opposent, parfois violemment), en essayant de les détacher autant que possible de leur enracinement dans des traditions nationales et des conflits historiques et sociaux, sans être trop regardant par ailleurs sur les questions de vocabulaire.

C'est en adoptant ce second point de vue, purement conceptuel, assez laxiste du point de vue historique et linguistique, que je vais aborder la difficile question du sens de la laïcité.

Laïcisme

Les philosophes qui ont réfléchi sur la laïcité de façon conceptuelle distinguent laïcisme et laïcité ouverte.

---

1. *Secularism,* parfois proposé comme l'équivalent anglais, est rejeté par certains spécialistes en raison de ses racines historiques supposées complètement différentes. Jean Baubérot, Micheline Milot, *Laïcité sans frontières*, Paris, Seuil, 2011, p. 14-17.

Selon Cécile Laborde, la laïcité stricte ou « laïcisme » est inspirée par les idéaux rationalistes des Lumières. Les laïcistes, écrit-elle, « voient dans la liberté une valeur qui ne s'obtient que par l'exercice actif de la raison, et par la remise en cause critique des croyances, préjugés et traditions[1] ».

Pour eux, ajoute-t-elle, « certaines formes de croyance – celles qui impliquent l'abandon de la capacité humaine à l'autodétermination rationnelle et autonome – sont incompatibles avec la pensée libre et la citoyenneté éclairée[2] ».

En réalité, nous dit Cécile Laborde, la défense laïciste de la liberté de pensée ne peut se comprendre qu'à la lumière des « âpres combats que les républicains du XIXᵉ siècle durent mener contre une Église catholique alors fermement alliée au mouvement contre-révolutionnaire et en lutte contre l'idéal rationaliste et individualiste des Lumières. Les dogmes de l'Église, aux yeux de beaucoup de républicains kantiens

---

1. Cécile Laborde, *Français, encore un effort pour être républicains !*, Paris, Seuil, 2010, p. 23.
2. *Ibid.*, p. 24.

ou protestants (souvent protestants), contribuaient à maintenir les croyants dans un état de servilité et de dépendance incompatible avec leur statut de citoyens. Dès lors, comme le proclamait le philosophe néo-kantien Charles Renouvier, la morale laïque se devait "de détacher les esprits des croyances superstitieuses, et par-dessus tout des doctrines qui contredisent (l'idéal de justice)". Ainsi le laïcisme se définit-il par la lutte contre la croyance "naïve" et non éclairée par la raison[1] ».

Laïcité ouverte

La laïcité ouverte conteste d'abord le présupposé sur lequel repose le laïcisme : les *croyances religieuses sont intrinsèquement irrationnelles*.

Pour les laïcs ouverts, c'est un pur préjugé[2]. En réalité, la raison serait présente à

---

1. *Ibid.*
2. Je définis la laïcité ouverte en référence aux idées développées récemment par Habermas, « Dialogue between Jürgen Habermas and Charles Taylor », dans Eduardo Mendieta et Jonathan Vanantwerpen, *The Power of Religion in the Public Sphere*, New York, Columbia University Press, 2011, p. 60-69 ; et à celles

tous les étages de la pensée religieuse quand elle est bien comprise. Par conséquent, l'idée laïciste selon laquelle l'exercice de la libre pensée, les engagements envers la rationalité, nous conduiront nécessairement à renoncer aux croyances religieuses n'est pas fondée.

Par ailleurs, les croyances religieuses ne mettent pas nécessairement à l'écart de la construction démocratique. Ainsi, pour John Rawls, les citoyens religieux ne sont pas obligés de se contenter d'accepter l'équilibre des forces, et de renoncer à exprimer leurs convictions du fait qu'elles ne sont plus considérées comme majoritaires ou politiquement légitimes.

Ils peuvent participer activement aux idéaux et aux valeurs politiques des sociétés démocratiques à partir du moment où ils acceptent de traduire ces convictions dans des arguments qui passent l'épreuve de la raison publique, c'est-à-dire des arguments du genre de ceux qui sont utilisés dans les

de John Rawls, comme Catherine Audard les a présentées dans « John Rawls et les alternatives libérales à la laïcité », *Raisons politiques*, n° 34, 2009, p. 101-126.

débats constitutionnels des démocraties libérales[1].

Il existe deux objections à ce raisonnement, l'une est normative et l'autre empirique.

1) D'après l'objection normative, demander aux religieux de convertir leurs arguments dans des termes recevables par ceux qui ne le sont pas, c'est faire peser sur eux un *poids épistémique* très lourd. Cette exigence adressée aux croyants les oblige, en effet, à faire un effort intellectuel qui n'est pas demandé aux non-croyants, le présupposé étant que ces derniers s'exprimeront spontanément, pour ainsi dire, dans les termes de la raison publique. On peut évidemment contester ce présupposé. Mais si on l'admet, il faudra reconnaître qu'en raison du poids épistémique que les croyants ont à supporter, ils subissent une certaine forme d'injustice.

---

1. John Rawls, *The Law of Peoples,* Harvard, Harvard University Press, 2001, p. 149 ; Catherine Audard, « John Rawls et les alternatives libérales à la laïcité », *op. cit.*, p. 102.

2) D'après l'argument empirique, demander aux croyants de convertir leurs arguments dans des termes recevables par ceux qui ne le sont pas est un travail intellectuel difficile. Il n'est concevable en réalité que pour des croyants capables de raisonner comme des juges d'une Cour constitutionnelle, qui ne sont probablement pas la majorité ! L'exigence adressée aux croyants est donc inéquitable parce qu'elle exige des croyants des capacités intellectuelles exceptionnelles, que les non-croyants de leur côté ne sont pas obligés de posséder[1].

On pourrait estimer, dans ces conditions, qu'il suffirait de demander aux non-croyants de faire l'effort de comprendre les croyants, et d'essayer de s'adresser à eux dans leur langage *à eux*, pour rétablir une certaine forme d'équité. Mais si le but est d'arriver à un langage commun qui ne peut pas être celui des croyants, il est difficile de voir ce qui pourrait justifier cette sorte de punition gratuite. Pourquoi demander aux non-croyants

---

1. Habermas, « Dialogue between Jürgen Habermas and Charles Taylor », *op. cit.*

de traduire leurs revendications dans un langage accessible aux croyants pour montrer qu'ils les comprennent, si ces revendications seront finalement formulées dans des termes qui ne seront pas ceux des croyants ?

Laïcisme et laïcité ouverte à la lumière de l'opposition entre doctrines et procédures

Pour caractériser la différence entre laïcisme et laïcité ouverte à la lumière du débat inspiré par John Rawls, on pourrait dire que le laïcisme est une doctrine morale complète, spécifique, ayant un contenu substantiel, fondée sur le culte positiviste de la raison et de la science, qu'on peut adopter dans un monologue.

La laïcité ouverte, de son côté, serait plutôt procédurale. Elle fixerait seulement des normes de dialogue public, dans le respect de la pluralité des croyances morales et religieuses.

Il s'ensuivrait que le laïcisme ne peut pas servir à justifier un principe aussi fondamental que la laïcité dans les démocraties libérales, car c'est une doctrine morale controversée.

Pour ce genre de sujets à valeur constitutionnelle, relatifs à l'organisation des institutions de base, il faut des raisons que tout le monde peut comprendre, et, mieux encore, des raisons que tout le monde pourrait accepter, ou que personne ne devrait rejeter.

Les défenseurs du laïcisme ne peuvent participer au débat public que s'ils acceptent de convertir leurs convictions laïques en raisons de ce genre.

Il en résulte un paradoxe que Catherine Audard a bien mis en évidence[1].

Le paradoxe du laïcisme

Dans une société démocratique et pluraliste, on ne peut pas défendre la laïcité en affirmant d'emblée l'autorité de la doctrine laïque.

On ne peut le faire qu'en proposant des arguments que tout le monde pourrait

---

1. Audard, « John Rawls et les alternatives libérales à la laïcité », *op. cit.*

accepter. C'est un devoir de civilité minimale.

Mais si on respecte ce devoir de civilité, on ne peut plus défendre l'État laïc sur la base du laïcisme, puisque c'est une philosophie bien spécifique, positiviste, rationaliste, qui n'est pas partagée par tout le monde[1].

Catherine Audard considère que le respect de ce devoir de civilité suffirait à produire une autre forme de laïcité ouverte, qui serait fondée sur l'idée de *l'égale dignité des doctrines morales et religieuses raisonnables*. Cette façon de comprendre la contribution de John Rawls est très éclairante.

L'analyse de Cécile Laborde, de son côté, restitue très bien les débats existants autour du laïcisme. Elle les rend beaucoup plus intelligibles philosophiquement.

Mais je suis en désaccord avec l'idée qui leur sert de point de départ : *le laïcisme ou laïcité au sens strict serait une doctrine morale particulière.* Ce n'est pas ainsi me semble-t-il que ses inventeurs l'ont conçue, et si on veut être charitable avec eux, on ne peut pas leur

---

1. *Ibid.*

attribuer cette idée sans argument supplémentaire.

Dans l'esprit de Jules Ferry, par exemple, qui est supposé être un laïciste strict, la morale laïque c'est l'exercice de la libre pensée, c'est-à-dire le respect d'une norme épistémologique qui n'a rien de spécifiquement moral.

Si, pour lui, la morale laïque n'est pas une doctrine mais une *méthode* pour découvrir une doctrine, il ne s'interdit pas de faire des prédictions sur le type de doctrine qui sortira d'une réflexion conduite selon cette méthode.

Il affirme que si l'on apprend aux élèves à penser librement, ils aboutiront nécessairement à la conclusion que la « morale commune », celle qui valorise le travail, l'effort, l'autorité des parents et des enseignants, la discipline, la tenue, la civilité, le patriotisme est vraie, et que des citoyens aimant la République seront (bien) formés.

Les plus cyniques diront que Jules Ferry veut nous vendre une doctrine du bien controversée (travail, famille, patrie, etc.) en prétendant qu'elle est le produit de l'application d'une méthode universelle non controversée (la réflexion rationnelle).

C'est une hypothèse politique plausible.

Si, cependant, on préfère rester sur le terrain purement philosophique, on dira plutôt que le principal défaut de l'argumentation de Jules Ferry, ce n'est pas qu'elle veut nous livrer une doctrine du bien particulière en contrebande pour ainsi dire : c'est sa *naïveté épistémologique*.

Qu'est-ce que la naïveté épistémologique ?

La naïveté épistémologique consiste à croire que si l'on pense librement, on aboutira nécessairement à adopter une morale commune, parfaitement en harmonie, de surcroît, avec les « valeurs de la République ».

Il est tout à fait possible que la pensée critique, lorsqu'elle se développe sans aucune contrainte, aille dans une direction complètement différente.

Elle pourrait même nous amener à envisager la possibilité que la pensée critique n'a pas tant d'importance.

Ainsi, ce qui caractérise les grands penseurs conservateurs, comme Edmund Burke, le pourfendeur des idéaux de la Révolution française, c'est qu'ils parviennent à expliquer rationnellement pourquoi il faut se méfier de la raison et de la pensée critique, et faire plutôt confiance aux traditions, aux autorités religieuses, aux intuitions, ou aux émotions.

Jocelyn Maclure et Charles Taylor ont très bien décrit comment on en était venu à abandonner, en philosophie morale, l'idée que la réflexion ou la discussion rationnelle pourrait aboutir à une conception commune du bien, de la vie bonne ou réussie :

« Ce que John Rawls a appelé le "fait du pluralisme raisonnable" tire son origine de la reconnaissance des limites de la rationalité quant à sa capacité à statuer sur les questions de sens ultime de l'existence et de la nature de l'épanouissement humain. La reconnaissance de l'indétermination et de la faillibilité de la raison humaine devant la question "Qu'est-ce qu'une vie réussie ?" a amené des philosophes libéraux comme John Locke ou John Stuart Mill à défendre le principe de la souveraineté de la conscience individuelle, ou de l'"autonomie morale" de la personne. L'État reconnaît l'autorité ultime de l'agent quant à l'ensemble de ses croyances qui lui permettront d'interpréter le monde et sa place dans ce dernier, et d'exercer sa faculté de juger lorsqu'il fait face à des dilemmes moraux ou identitaires. Plutôt que d'imposer aux individus une représentation (religieuse ou séculière) du monde et du bien, l'État cherche à favoriser le développement de leur autonomie et à protéger leur liberté de conscience. Or comme le souligne Rawls, il ne faut pas s'étonner que, dans des sociétés qui encouragent le développement des facultés rationnelles des personnes, et qui se donnent des institutions pour protéger la liberté de pensée, de conscience et d'expression, les individus en viennent à adopter des conceptions différentes de ce qu'est une vie qui vaut la peine d'être vécue[1]. »

Bien entendu, on pourrait objecter à Rawls qu'il fait preuve lui aussi d'une certaine naïveté épistémologique puisqu'il

---

1. Jocelyne Maclure et Charles Taylor, *Laïcité et liberté de conscience*, Paris, La Découverte, 2010, p. 18-19.

suppose, sans vraiment le prouver, que la libre réflexion ou la libre discussion sur le bien aboutiront probablement plus souvent à des désaccords qu'à des accords[1].

Quoi qu'il en soit, le projet d'instaurer des cours de morale laïque à l'école, comme l'actuel ministre de l'Éducation le conçoit, est une illustration presque parfaite de la forme la plus courante de naïveté épistémologique, celle qui consiste à croire que la libre discussion ou la réflexion rationnelle aboutiront nécessairement à un accord sur les valeurs.

C'est pour cette raison qu'il vaut la peine de l'examiner de près (et pas seulement parce que son auteur occupe des fonctions de décision qui nous concernent tous).

---

1. Pour Andrée-Anne Cormier (communication personnelle) la vision du libéralisme politique n'implique pas qu'il y aura toujours désaccord sur le bien, ou qu'il y aura probablement plus souvent désaccord qu'accord, mais que la possibilité du désaccord existera toujours. Elle formulerait donc autrement, moins empiriquement, l'idée de désaccord raisonnable. C'est une question d'exégèse très intéressante que je vais essayer de mettre de côté. Merci en tout cas à Andrée-Anne Cormier pour cette clarification.

Le projet du ministre repose sur deux idées contradictoires.

D'un côté, il affirme que la morale laïque n'est pas une doctrine, une expression de la raison d'État, une orthodoxie, mais une invitation à penser librement, sans dogmes et sans préjugés : « Nous, notre morale c'est le raisonnement, c'est l'argumentation, la preuve »... « Nous ne sommes pas là pour imposer une orthodoxie. On est là pour parler : qu'est-ce que le Bien ? Qu'est-ce que le Mal ? Pas enseigner le Bien et le Mal[1]. »

D'un autre côté, il soutient qu'il n'existe qu'une seule vraie morale, celle qui défend la connaissance, le dévouement, la solidarité, plutôt que les valeurs de l'argent, de la concurrence, de l'égoïsme, ce qui ressemble quand même à une certaine orthodoxie[2].

Cette impression est renforcée lorsque le ministre insiste sur le caractère progressiste

---

1. Médiapart, « Vincent Peillon à propos de la morale laïque », http://www.dailymotion.com/video/xugrmt_en-direct-de-mediapart-vincent-peillon-l-ecole-et-la-societe_news#from=embediframe.
2. Peillon, « Le retour de la morale jusqu'en terminale », *op. cit.*

de la morale laïque, et son opposition à ce qu'il présente comme des pratiques quasi barbares : « Nous avons un certain nombre de valeurs et nous pensons qu'elles sont justes. Des valeurs de justice sociale, d'égalité hommes-femmes. Pourquoi on ne veut pas exciser les petites filles ? Pourquoi on pense que c'est mieux d'avancer à visage découvert ? Eh bien, il faut en parler. L'école est faite pour ça [1]. »

On peut avoir des raisons d'approuver ces propos. Mais il ne faudrait pas croire qu'ils pourraient être facilement et entièrement justifiés par une argumentation purement rationnelle.

La seule façon de donner une cohérence à ces deux exigences de la morale laïque, libre pensée d'une part, valeurs progressistes de l'autre, c'est de considérer que si nous pensons librement et rationnellement, nous reconnaîtrons *nécessairement* la valeur de ces valeurs.

C'est sans doute ainsi que le ministre de l'Éducation nationale voit les choses. Mais c'est un préjugé infondé.

---

1. Médiapart, « Vincent Peillon à propos de la morale laïque », *op. cit.*

Tous ceux qui défendent l'idée d'une morale laïque commencent par dire qu'elle n'est rien d'autre que la libre pensée, l'appel à la conscience personnelle, le refus de tout dogme, le sens critique en général.

Mais si c'est en cela seulement que consiste la morale laïque, on se demande pourquoi elle aurait besoin d'un enseignement particulier. Des cours de philosophie générale pourraient suffire.

S'ils ne suffisent pas, c'est parce que, en réalité, un cours de morale laïque n'est pas un cours de logique !

Pour le ministre, la raison n'est évidemment pas une fin en soi. C'est seulement un *moyen* de découvrir des valeurs morales objectives. Quelles valeurs ? Celles auxquelles il croit bien sûr : connaissance, dévouement, solidarité, etc. Si l'exercice de la raison aboutissait à d'autres résultats, il n'est pas sûr qu'il les accepterait !

La question ne se pose pas en fait, tant il semble persuadé que ce sont les seuls auxquels la raison pourrait aboutir. Ceux qui aiment les grands mots diront que c'est du dogmatisme ou de l'instrumentalisation de la raison.

Je préfère parler de naïveté épistémologique.

Jusqu'où peut nous emmener la pensée critique ?

Pour prendre la mesure de la naïveté épistémologique des défenseurs de l'enseignement de la morale à l'école, il faut, je crois,
relire de près la circulaire du ministère de
l'Éducation de l'été 2011[1].

Malgré le changement de gouvernement,
et les évolutions qu'il a entraînées, cette circulaire reste intéressante parce qu'elle
montre jusqu'où peut conduire un certain
délire rationaliste.

À quoi est censé aboutir l'enfant par la
pensée critique et la réflexion rationnelle ?
À se fixer des règles pour pratiquement tous
les aspects de sa vie, depuis le brossage des
dents jusqu'au respect de l'égalité des sexes,
en passant par le mérite individuel !

_____

1. Circulaire n° 2011-131 du 25 août 2011 relative
à l'instruction morale à l'école primaire.

Ce qui frappe, dans les thèmes d'étude proposés dans la circulaire, c'est, en effet, leur caractère totalitaire, le fait qu'ils concernent la vie des enfants dans ses moindres détails.

« Les thèmes suivants (non hiérarchisés) peuvent donner lieu à un travail sur les maximes, les adages, les morales de fables, mais aussi de lecture de textes, de mises en situations (jeux de rôles, dilemmes moraux, etc.). Ils peuvent être exploités en classe dans le respect des progressions mises en ligne sur Éduscol – site du ministère de l'Éducation nationale. Quatre grands domaines sont ainsi proposés.

1. L'introduction aux notions de la morale – le bien et le mal – le vrai et le faux – la sanction et la réparation – le respect des règles – le courage – la loyauté – la franchise – le travail – le mérite individuel.

2. Le respect de soi – la dignité – l'honnêteté par rapport à soi-même – l'hygiène – le droit à l'intimité – l'image que je donne de moi-même (en tant qu'être humain) – la protection de soi.

3. La vie sociale et le respect des personnes – les droits et les devoirs – la liberté individuelle et ses limites – l'égalité (des sexes, des êtres humains) – la politesse – la fraternité – la solidarité – l'excuse – la coopération – le respect – l'honnêteté vis-à-vis d'autrui – la justice – la tolérance – la maîtrise de soi (être maître de ses propos et de ses actes) – la sécurité des autres.

4. Le respect des biens – le respect du bien d'autrui – le respect du bien public[1]. »

Quel rapport entre l'hygiène et l'égalité des sexes ? Entre le vrai et le faux et le travail ?

Il faut être vraiment très naïf épistémologiquement pour croire qu'on pourrait arriver à justifier tout ce bric-à-brac conceptuel par la seule pensée critique ou la réflexion rationnelle !

---

1. *Ibid.*

Trop de morales laïques tuent-elles la morale laïque ?

Il a fallu longtemps pour envisager la possibilité de justifier les règles d'action ou de relation autrement que par la voie religieuse, mais elle est aujourd'hui largement acceptée.

Cependant, si on rejette la justification religieuse, on est loin d'avoir fini le travail, parce qu'il y a de très nombreuses justifications non religieuses de règles d'action ou de relation ; celles de Kant, celles des utilitaristes, celles d'Aristote, celle des évolutionnistes, celles de Levinas, etc.

Laquelle choisir ?

Est-ce à l'école républicaine de choisir ?

Pour tous les promoteurs de la morale laïque à l'école, depuis Ferdinand Buisson jusqu'à Vincent Peillon en passant par Émile Durkheim, il n'en existe qu'une seule version possible. Elle valorise le travail, le goût de l'effort, le mérite, le dévouement aux autres, la solidarité, etc. Elle est en gros inspirée par les grands principes de Kant : dignité et respect de la personne.

Pourtant, tous ces penseurs savent bien qu'il existe d'autres morales laïques que la leur. Les morales laïques ne sont pas toutes kantiennes.

L'utilitarisme de Bentham et de John Stuart Mill est une philosophie morale qui contredit les principes kantiens. C'est une éthique des conséquences, alors que l'éthique kantienne est une éthique de l'action et des intentions. Elle accorde une valeur suprême aux états subjectifs de plaisir du plus grand nombre (le plaisir collectif si on peut dire), alors que l'éthique kantienne est construite sur l'idée d'un devoir moral indifférent au plaisir. Elle permet de justifier le mensonge, la mise à mort d'un innocent, ou la torture dans certaines circonstances, alors que l'éthique kantienne les exclut absolument.

Mais qui, à part ceux qui ignorent tout d'elle, dirait que l'utilitarisme n'est pas une morale *laïque* ?

Par ailleurs, les morales laïques ne valorisent pas toutes le travail, le dévouement aux autres, ou le mérite individuel. Les morales du plaisir individuel (et non collectif) affirment de leur côté que la jouissance personnelle est le souverain bien. Leur slogan, c'est « Profite de l'instant présent ! ». Selon d'autres systèmes moraux, le souverain bien, c'est le repos, et certaines de ses expressions comme la lenteur, la paresse ou l'oisiveté. Leur slogan pourrait être « Ne te fatigue pas trop ! ».

Mais qui dirait, à part ceux qui ignorent tout d'elles, que ce ne sont pas des morales *laïques* ?

Imaginez à présent, qu'un membre du cabinet de Vincent Peillon, qui veut faire plaisir à son ministre, rédige un programme d'enseignement de la morale entièrement fondé sur la pensée utilitariste parce qu'il estime qu'elle est la plus *laïque* qu'on puisse envisager.

Son programme contiendra des instructions aux professeurs qui devront expliquer pourquoi la torture en temps de guerre n'est pas nécessairement immorale, ou pourquoi le clonage reproductif peut être un bien.

Imaginez ensuite qu'un autre membre du cabinet de Vincent Peillon, qui veut, lui aussi, faire plaisir à son ministre, rédige un programme d'enseignement de la morale entièrement fondé sur des conceptions morales qui valorisent la paresse ou le plaisir, parce qu'il estime que ce sont les plus *laïques* qu'on puisse envisager.

On aura raison de s'inquiéter pour eux. Leur ministre ne les couvrira probablement pas de compliments.

Il leur rappellera que lorsqu'il parle de morale laïque, ce n'est pas pour vanter les charmes de l'utilitarisme, ou pour imposer l'enseignement de la paresse et du plaisir dans les écoles.

Mais il faudra qu'il reconnaisse alors avoir limité de façon arbitraire, sans aucune justification, la gamme des morales qu'on peut appeler « laïques ».

8.

À LA RECHERCHE
DE LA « MORALE COMMUNE »

Quand ils essaient de mettre au point des programmes d'enseignement de la morale, les techniciens des ministères ne vont toutefois pas si loin.

Ils ne se soucient pas d'examiner les enseignements propres aux grandes théories morales kantiennes, utilitaristes ou autres. Ils se contentent de construire un projet qui tourne autour de la *morale commune* ou des intuitions morales de chacun et de tout le monde.

Le problème, c'est que la recherche, en sciences humaines et sociales, a montré qu'il était difficile d'identifier ces intuitions morales communes.

On ne sait pas en fait s'il existe vraiment un noyau d'idées morales communes à toute

l'humanité, avant toute élaboration philosophique.

De nombreux chercheurs distinguent les
normes éthiques ou morales[1] et les conventions sociales. Ils considèrent que ce qui distingue les premières des secondes, c'est leur
prétention à l'universalité[2]. Ils estiment que
cette prétention est contenue dans le concept
même d'éthique et qu'elle relève du bon
sens. Pour eux, une éthique qui n'a pas de

---

1. On a tendance, en philosophie, à opposer l'éthique et la morale. Mais cette distinction manque de
clarté. Tantôt l'éthique concerne le rapport à soi et
la morale le rapport à l'autre. Tantôt l'éthique est du
côté du désirable et la morale du côté de l'interdit ou
de l'obligatoire. Tantôt l'éthique est du côté de la
critique et de l'invention et la morale du côté de la
conformité. Mais que serait une éthique qui ne serait
nullement concernée par le rapport aux autres ou qui
se passerait complètement des notions d'interdiction
ou d'obligation ? Que serait une morale qui n'aurait
aucune dimension créatrice et critique ou qui
n'aurait rien de désirable ? Il vaut mieux, à mon avis,
ne pas opposer ces deux notions de façon trop rigide.
J'estime que ce n'est pas une erreur conceptuelle
d'employer les mots « éthique » ou « morale » indif-
féremment.
2. Elliot Turiel, *The Culture of Morality*, Cambridge, Cambridge University Press, 2002, p. 110.

vocation universelle est aussi inconcevable qu'un oncle sans neveu, une montagne sans vallée, un célibataire marié.

On ne peut pas dire que ce point de vue manque de fondement ou de défenseurs[1]. Il semble relever du bon sens.

Nous savons tous faire la différence entre l'exigence de porter du noir aux enterrements (c'est supposé être une convention sociale particulière : nous ne serons pas choqués d'apprendre que, dans telle ou société, on porte du blanc ou du rose), et l'exigence de ne pas se débarrasser sans scrupules des faibles et des improductifs (c'est supposé être une règle morale universelle : nous serons choqués d'apprendre que, dans telle

---

1. Parmi ces universalistes, il y a bien sûr tous les philosophes kantiens. Mais il n'est nécessaire ni d'être kantien ni d'être philosophe pour affirmer que ce qui caractérise l'éthique, c'est sa prétention à l'universalité. Des philosophes utilitaristes défendent le même point de vue. Par ailleurs, les psychologues et les anthropologues qui partagent ce point de vue ne manquent pas non plus : Lawrence Kohlberg, « My Personal Search for Universal Morality », *Moral Education Forum*, vol. 11, n° 1, p. 4-10, 1986 ; Turiel, *The Culture of Morality*, *op. cit.*

ou telle société, on massacre les vieux et les malades qui ne peuvent plus travailler pour subvenir à leurs besoins).

La plupart des philosophes qui s'occupent d'éthique ont aussi tendance à l'adopter.

Cela n'a rien d'absurde. Reconnaître la *prétention de l'éthique à l'universalité* ne revient pas à affirmer qu'un examen des jugements moraux concrets montrera nécessairement qu'il existe des principes éthiques approuvés par tous.

Mais, pour ceux qui y sont les plus attachés, le principe d'universalité ne constitue pas seulement un postulat sémantique. Ils estiment qu'il existe *vraiment* des principes éthiques approuvés par tous, qu'on trouvera pour autant qu'on sache bien les chercher. Ils supposent que les variations d'attitude à l'égard des parents, des proches, des étrangers, que les relativistes mettent en avant pour réfuter l'existence d'une éthique universelle, sont, en réalité, très superficielles.

Ce qui changerait d'une population à l'autre, ce ne serait pas les principes moraux, mais tantôt la volonté ou la possibilité de s'y conformer, tantôt l'extension de la classe des personnes auxquelles ils sont censés s'appliquer[1].

Les débats contemporains sur l'avortement ou la souffrance animale pourraient servir à illustrer cette dernière idée.

Ceux qui y participent reconnaissent l'impératif de ne pas tuer des personnes innocentes ou de ne pas causer de souffrances injustes. On peut donc dire, en ce sens, qu'ils respectent les mêmes principes moraux. Cependant, ils s'opposent lorsqu'il s'agit de définir *le domaine d'application de ces principes* : concernent-ils aussi les fœtus, les personnes dans le coma, les mammifères en bonne santé ?

Les recherches les plus récentes relatives à l'universalité morale nous orientent toutefois dans une direction différente. Elles tendent à montrer que, derrière la variabilité des normes ou de leur domaine d'application, il existerait une profonde unité de nos réactions morales, dites « intuitives », parce

---

1. Dan Sperber, « Remarques anthropologiques sur le relativisme moral », dans J.-P. Changeux, dir., *Les fondements naturels de l'éthique*, Paris, Odile Jacob, 1991, p. 319-334.

qu'elles nous viendraient immédiatement à l'esprit, sans réfléchir[1].

Ces réactions morales intuitives seraient de véritables réflexes moraux universels. Elles seraient la base d'une « morale commune ».

Le rejet des profiteurs et des tricheurs serait un réflexe moral de ce genre, largement attesté[2]. Mais il y en aurait beaucoup d'autres, comme la désapprobation de l'inceste, qui serait quasi universelle.

L'une des caractéristiques les plus importantes de ces intuitions morales universelles serait leur résistance à tous les efforts que nous pourrions faire pour ne pas en tenir compte.

Ainsi, nous ne pourrions pas nous empêcher de rejeter les profiteurs ou de désapprouver l'inceste, même si nous sommes à court de bonnes raisons pour justifier cette réaction[3].

------

1. Voir mon « Les intuitions morales ont-elles un avenir ? », *Les Ateliers de l'éthique*, vol. 7, n° 3, automne 2012, p. 107-116.
2. Leda Cosmides, « The Logic of Social Exchange », *Cognition*, n° 31, 1989, p. 187-276.
3. Jonathan Haidt, « The Emotional Dog and its Rational Tail. A Social Intuitionist Approach to

À la recherche de la « morale commune »

C'est une nouvelle façon de concevoir l'universalité de la morale, fondée sur l'idée qu'il existerait des intuitions partagées par tous les humains, et reposant sur les recherches psychologiques les plus avancées sur les origines et les formes du jugement moral.

Une question cependant n'a toujours pas de réponse : quelles sont exactement ces intuitions ?

Sur cette question, pourtant la plus importante, la communauté scientifique reste profondément divisée[1].

Moral Judgment », *Psychological Review*, n° 108, 2001, p. 814-834.

1. Voir sur ce sujet mon *L'influence de l'odeur des croissants chauds sur la bonté humaine et autres questions de philosophie morale expérimentale*, Paris, Grasset, 2011, qui inspire ce qui suit.

9.

À QUOI RESSEMBLE LA PENSÉE MORALE DES ENFANTS ?

Selon certains chercheurs, nous sommes capables, dès la prime enfance, de faire une distinction nette entre ce qui relève de la morale et ce qui n'est que conventions sociales ou prescriptions religieuses[1].

D'après eux, quelle que soit la société dans laquelle ils sont élevés, les enfants ont tendance à considérer que seules les actions qui causent des dommages injustes à autrui (des souffrances physiques ou psychologiques imméritées, pour le dire de façon plus imagée) sont des actions qui doivent être toujours interdites et toujours punies.

---

1. Larry P. Nucci, *Education in the Moral Domain*, Cambridge, Cambridge University Press, 2001.

Ce serait les seules que les enfants jugeraient « immorales » au sens de universellement interdites, non purement conventionnelles, ou prescrites par la religion ou la société exclusivement.

Ces chercheurs s'appuient sur un ensemble d'études à caractère expérimental pour soutenir cette hypothèse. Dans ces études, on demande à de très jeunes croyants, issus de différentes religions, qui n'ont pas encore subi une éducation théologique approfondie, ce qui est permis ou interdit d'après eux et *pourquoi*.

Ainsi, on pose à de jeunes enfants juifs la question de savoir pourquoi il faut porter la kippa, être circoncis ou manger cachère.

Ils ont tendance à répondre que c'est parce que c'est écrit dans la Bible et prescrit par des autorités reconnues : parents, rabbins, etc.

Lorsqu'on leur demande ensuite : « Et si vos parents ou votre rabbin vous disaient qu'il n'est plus obligatoire de porter la kippa ou de manger cachère ? », les enfants ont tendance à répondre que dans ce cas-là il serait, en effet, possible de ne plus suivre ces prescriptions.

On reproduit ensuite le même scénario, mais en évoquant des règles qui ne sont pas propres à une religion particulière, comme ne pas voler ou ne pas mentir.

Pourquoi est-ce interdit ?

Les enfants répondent d'abord que c'est écrit dans la Bible et que les parents et les rabbins le répètent tout le temps.

Lorsqu'on leur demande ensuite : « Et si vos parents ou votre rabbin vous disaient qu'il n'est pas vraiment interdit de voler ou de mentir ? », les enfants réagissent autrement que pour les prescriptions religieuses. Ils ont tendance à répondre que c'est impossible, que Dieu ne pourrait affirmer de telles choses car il est trop bon et trop intelligent, ou que les rabbins étaient peut-être fatigués quand ils l'ont dit, et ainsi de suite.

Bref, ils répondent comme s'ils avaient très tôt cette faculté subtile de distinguer les règles morales, les conventions sociales et les prescriptions religieuses.

Pour eux, ce qui ne va pas dans le vol, ce n'est pas qu'il est interdit par des autorités religieuses ou sociales déterminées, mais qu'il cause un dommage qui mérite d'être sanctionné universellement parce qu'il est injuste. C'est en ce sens qu'on peut dire du vol qu'il est, à leurs yeux, non seulement contraire à la religion ou aux conventions sociales, mais aussi à la morale.

Ce que nous apprendraient ces études, c'est que, dans la plupart des populations, le domaine d'application du concept de moralité est celui de nos relations avec les autres, le prototype de l'action immorale étant celle qui consiste à leur nuire intentionnellement[1].

Cette conception de l'extension du domaine de l'éthique qu'on peut appeler « minimaliste » est loin de faire l'unanimité[2].

---

1. Ce que nous disent ces recherches du prototype de l'action « morale » est moins clair. Elle devrait, certes, respecter des normes de réciprocité et d'équité mais sans nécessairement exprimer un souci de bienfaisance.

2. Pour caractériser les conceptions de l'extension du domaine de l'éthique, je me sers du couple de termes minimalisme/maximalisme. L'idée est qu'on pourrait ranger l'ensemble des systèmes moraux et des jugements moraux entre deux pôles. Au pôle minimaliste, le seul principe moral serait de ne pas nuire aux autres, le reste étant vu comme des conventions sociales ou des règles personnelles. En allant vers le pôle maximaliste, on ajouterait à ce principe de non-nuisance aux autres toutes sortes d'autres

Deux façons de concevoir la pensée morale des enfants

Pour Jonathan Haidt et d'autres chercheurs qui le suivent, les études qui concluent au minimalisme moral des enfants sont biaisées par certains préjugés « progressistes » et « occidentalistes »[1].

Elles partent du présupposé que toute la morale pourrait être ramenée au souci de ne pas causer de torts aux autres. Elles admettent, sans raison valable, que tout le monde trace des limites très claires entre la morale, la religion et les conventions sociales.

Mais dans toutes les sociétés humaines, il y a des obligations et des interdictions qui vont au-delà de ce souci minimaliste de ne

---

devoirs moraux comme ceux de ne pas se nuire à soi-même, de développer ses talents naturels, de protéger des valeurs comme la pureté personnelle, ou de faire le bien des autres même contre leur volonté : voir mon *L'éthique aujourd'hui. Maximalistes et minimalistes, op. cit.*

1. Jonathan Haidt et Craig Joseph, « The Moral Mind : How Five Sets of Innate Intuitions Guide the Development of Many Culture-specific Virtues and Perhaps Even Modules », dans P. Carruthers, S. Laurence et S Stich, dir., *The Innate Mind*, vol. 3, 2007.

pas causer de torts concrets à d'autres individus, et qui relèvent cependant, pour les
membres de ces sociétés, *du même type de
jugement*.

La plupart des interdits sexuels (y compris
prohibition de l'inceste entre adultes consentants) et alimentaires (ne pas manger de
porc, de mollusques, etc.) seraient consi-
dérés par ceux qui les respectent comme des
interdictions et des obligations « universelles », c'est-à-dire valant pour tous et pas
seulement pour les membres de la communauté.

Il en irait de même pour les obligations à
l'égard de soi (se raser la tête, se laisser
pousser la barbe, ne pas boire d'alcool ou
consommer de la drogue, etc.) ou des morts
(ne pas les enterrer ou les enterrer à même
le sol, etc.).

Il s'agirait donc d'obligations ou de prohibitions vues comme étant « morales » par
ceux qui s'y conforment.

Pourtant, ces obligations et prohibitions
portent sur des actions ou des relations qui
ne causent aucun tort concret à qui que ce
soit en particulier (même pour l'inceste
entre adultes consentants) et ne semblent

pas soulever de problèmes de justice ou de réciprocité.

Par ailleurs, en s'inspirant de différentes études ethnographiques, Jonathan Haidt soutient que c'est seulement dans les démocraties occidentales modernes qu'on a tendance à faire une différence entre la morale, la religion et les conventions sociales[1].

Bref, ce que nous apprendraient ces études empiriques, c'est que le domaine de l'éthique pourrait être beaucoup plus vaste que les minimalistes ne le soutiennent, et que ses limites avec la religion et les conventions sociales ne seraient jamais très claires.

Il existerait donc, dans de nombreuses populations, une tendance au maximalisme moral.

Elle les conduirait à croire que tout ce qu'elles font, pensent, ressentent, que ce soit en rapport à soi-même ou à autrui est exposé à des sanctions positives ou négatives dont la valeur est universelle. Elle exclurait toute

---

1. En référence, entre autres, à Richard A. Schweder, « The Psychology of Practice and the Pratice of the Three Psychologies », *Asian Journal of Social Psychology*, n° 3, 2000, p. 207-222.

distinction rigide entre la morale, la religion et les conventions sociales.

Les études empiriques semblent montrer que la tendance au maximalisme moral est la plus répandue dans les populations les moins « occidentalisées » ou les plus défavorisées économiquement et socialement.

On a essayé de contester cette hypothèse en présentant un ensemble de données montrant que, même dans les populations les moins « occidentalisées » ou les plus « dominées », le souci des libertés individuelles, de la justice et de la réciprocité était présent.

La résistance directe et indirecte des femmes et d'autres minorités aux tentatives de les subordonner ou de les humilier partout dans le monde serait là pour en témoigner[1].

Mais la thèse de la variabilité des conceptions de l'extension du domaine de l'éthique n'exclut pas nécessairement cette possibilité. Elle dit seulement que, dans certaines populations, toute la morale se résume à ce

---

1. Turiel, *The Culture of Morality, op. cit.*, p. 261-277.

souci de ne pas nuire aux autres ou de justice interpersonnelle, alors que dans d'autres, elle concerne *aussi* les conduites sexuelles et alimentaires, et toutes sortes de devoirs envers la communauté et ses autorités reconnues.

Certes, dans la présentation qu'en fait Jonathan Haidt, ces différents aspects du maximalisme moral devraient entrer en conflit. On ne voit pas très bien comment, pour les femmes par exemple, le respect des hiérarchies sociales et des codes sexuels serait compatible avec certains soucis de justice et de réciprocité. Mais si un tel conflit peut servir d'argument conceptuel ou normatif contre le maximalisme moral, il ne suffit pas à établir que certaines populations ne l'endossent pas dans leurs doctrines officielles.

Le fait qu'il existe des conflits ou des incohérences dans les doctrines morales officielles n'a rien d'inconcevable.

S'il n'y en avait pas d'ailleurs, les philosophes qui s'occupent d'éthique normative risqueraient de se retrouver au chômage, l'un de leurs objectifs professionnels principaux

étant, précisément, de dévoiler ces incohérences.

Le point sur la « morale commune »

Ainsi, pour certains chercheurs, nos intuitions morales universelles sont plutôt minimalistes. Elles privilégient le souci de ne pas
faire souffrir les autres et de respecter des
principes d'égalité et de réciprocité. Lorsque
les représentations publiques ne laissent
aucune place à la protection des libertés
individuelles, des droits et des intérêts de
chacun, elles entrent en conflit avec nos
intuitions morales de base.

Pour d'autres, nos intuitions morales universelles sont plutôt maximalistes. Elles se
manifestent dans des réactions émotionnelles négatives en cas de violation de principes de justice et de réciprocité mais aussi
en cas de transgression d'interdits alimentaires et sexuels, de manque de respect pour
des autorités reconnues, et de trahison de la
communauté.

Lorsque les représentations publiques sont
trop libérales, individualistes ou permissives

en matière sexuelle par exemple, elles entrent en conflit avec nos intuitions morales de base.

Dans ses plus récentes productions, Jonathan Haidt en est venu à postuler que le maximalisme moral était partiellement inné ou naturel. Notre esprit serait naturellement équipé de cinq modules, c'est-à-dire de dispositifs psychologiques autonomes à but spécifique, qui agissent de façon quasi automatique, comme des réflexes, et dont l'activité est déclenchée par des stimuli sociaux bien déterminés : torts ou bienfaits causés aux autres, réciprocité ou non-réciprocité ; trahison ou fidélité envers la communauté, respect ou non-respect des autorités, pureté et impureté personnelle[1].

---

1. La liste des modules proposée par Haidt est purement spéculative. Elle est présentée comme la meilleure explication de certaines croyances et conduites. Rien n'interdit qu'elle augmente ou diminue. D'ailleurs, dans son dernier livre, *The Righteous Mind. Why Good People are Divided by Politics and Religion*, Pantheon Books, 2012, Jonathan Haidt est passé à 6, en ajoutant le module liberté *versus* oppression (merci à Martin Gibert de me l'avoir indiqué). Il en trouvera sans doute d'autres, la tendance chez les modularistes étant de voir des modules partout.

Ces intuitions morales auraient des expressions émotionnelles typiques : compassion pour ceux qui souffrent, colère envers ceux qui trichent et gratitude pour ceux qui aident ; fierté envers le groupe d'appartenance et indignation à l'égard des « traîtres » ; respect et crainte des autorités, dégoût pour ceux qui transgressent les règles de pureté alimentaire ou sexuelle.

Elles contribueraient à développer des vertus particulières : générosité, honnêteté, loyauté, obéissance et tempérance (chasteté, piété, pureté). Dans chaque société, elles seraient déclenchées par des stimuli spécifiques : les bébés phoques et les clubs de hockey suscitent des réactions de compassion ou de fierté dans certaines sociétés et pas dans d'autres.

Dans toutes les sociétés, elles répondraient à des impératifs fonctionnels et présenteraient des avantages du point de vue de la survie des groupes ou des individus : protection des plus jeunes et des plus vulnérables, bénéfices de la coopération ou du respect des hiérarchies, protection de la santé.

Ces réactions « innées », « naturelles », « automatiques », « intuitives », à caractère

« émotionnel » seraient à la base de constructions cognitives plus complexes, qui relèveraient, elles, d'un processus d'apprentissage socialisé, ce qui pourrait expliquer les divergences dans les conceptions publiques de l'extension du domaine de l'éthique[1].

En définitive, les recherches sur les tout jeunes enfants n'ont pas encore permis de trancher la question de savoir s'il existait une morale intuitive universelle. Et ceux qui croient à l'existence de cette morale intuitive universelle n'ont pas réussi à se mettre d'accord sur sa forme exacte.

Avant de proclamer l'existence d'une « morale commune » par circulaire ministérielle, il aurait peut-être été utile de s'intéresser à ces travaux[2].

---

1. Haidt et Craig, « The Moral Mind : How Five Sets of Innate Intuitions Guide the Development of Many Culture-specific Virtues and Perhaps Even Modules », *op. cit.*

2. On pourrait recommander ceux de Nicolas Baumard, *Comment nous sommes devenus moraux. Une histoire naturelle du bien et du mal*, Paris, Odile Jacob, 2010, et de Vanessa Nurock, *Sommes-nous naturellement moraux ?*, Paris, PUF, 2011.

10.

QUI A BESOIN DE
MORALE LAÏQUE ?

Le retour des cours de morale laïque à l'école est un programme si confus philosophiquement et si manifestement obsolète pratiquement, qu'on est bien obligé de s'interroger sur ses motivations.

Celles qui sont purement politiciennes ou électoralistes ne peuvent évidemment pas être exclues. Mais il y en a d'autres, plus idéologiques, qui visent à « blâmer les victimes », à continuer la guerre intellectuelle contre les pauvres à laquelle la pensée conservatrice n'a, en réalité, jamais renoncé.

La guerre intellectuelle contre les pauvres s'exprime dans des attaques incessantes contre les bénéficiaires de revenus sociaux, accusés d'être le « cancer de la société » et contre les plus défavorisés, en général, déclarés responsables de leur propre malheur du fait de leur paresse et de leur immoralité[1].

L'idée qui justifie ces projets agressifs, c'est que si vous êtes pauvre, chômeur de longue durée, malade ou sans abri, *c'est de votre faute*. Vous ne vous levez pas assez tôt, vous ne cherchez pas un emploi sérieusement, vous ne faites aucun effort pour améliorer vos compétences, et ainsi de suite. Bref : vous êtes vous-même la cause de votre situation matérielle, et si vous ne l'améliorez pas, c'est que vous ne le voulez pas suffisamment, ou que vous avez effectué des choix défectueux.

Il s'ensuit, dans cette logique, qu'il n'est pas immoral d'abandonner à leur sort les laissés-pour-compte du marché du travail, puisqu'ils sont responsables de ce qui leur arrive[2].

---

1. De nombreuses enquêtes étalées dans le temps sur la perception de la pauvreté en Europe montrent que l'explication de la pauvreté par la paresse n'a cessé de gagner du terrain au cours des années 1990, au détriment de l'explication par les phénomènes macro-économiques : Nicolas Duvoux, *Le nouvel âge de la solidarité. Pauvreté, précarité et politiques publiques*, La République des idées, Paris, Seuil, 2012, p. 49-53.

2. Dans le débat philosophique récent, il existe toutes sortes de tentatives extrêmement élaborées

Philosophiquement, cette guerre intellectuelle aux pauvres s'exprime aussi dans les tentatives pour expliquer la situation des plus défavorisés par des *déficits moraux des individus,* plutôt que par les effets d'un système social injuste à la base, et d'une redistribution des bénéfices de la coopération sociale et économique qui ne permet pas de compenser les handicaps initiaux[1].

Il y a, bien sûr, un aspect démagogique

---

pour trouver des justifications théoriques systématiques à ces opinions populaires : Jean-Fabien Spitz, *Abolir le hasard ? Responsabilité individuelle et justice sociale,* Paris, Vrin, 2008.

1. Quand je parle de « guerre intellectuelle aux pauvres », ce n'est pas seulement en référence à ceux qui vivent dans le dénuement matériel le plus total. Certaines personnes viennent de milieux socio-économiques défavorisés, mais elles ont pu s'enrichir, et ne sont pas pauvres au sens étroitement économique du mot, comme me le fait remarquer Sophie Dufau. Lorsque c'est le cas, la guerre intellectuelle aux pauvres continue quand même. Elle consiste alors à expliquer la réussite matérielle de ces personnes par leur immoralité, leur enrichissement ne pouvant provenir que des « trafics », de la « délinquance », ou d'une « discrimination positive » injuste. Bref, la guerre intellectuelle aux pauvres ne s'arrête pas nécessairement lorsqu'ils deviennent moins pauvres économiquement !

dans la diffusion de l'idée que le problème de l'école est moral et non économique, et dans le projet, associé, de faire revenir à l'école la morale plutôt que de l'argent public.

« Dépenser plus ne sert à rien, car ce qui manque à l'école, ce n'est pas l'argent mais la morale » est un slogan qui passe probablement mieux que « L'éducation n'est plus une priorité de l'État ».

Mais le retour de la morale à l'école exprime aussi une certaine philosophie, qu'on comprend mieux si on prend à la lettre les propos des penseurs conservateurs qui le défendent.

Ils disent très crûment que mettre l'accent sur la nécessité de la morale à l'école permet de « diminuer l'importance du facteur social » dans l'explication de la délinquance ou de l'échec scolaire[1]. C'est en ce sens qu'on peut dire du retour de la morale à l'école qu'il est un nouvel épisode dans la guerre intellectuelle contre les pauvres, visant,

---

1. Chantal Delsol, « Retour de la morale à l'école primaire... », *Le Figaro*, 6 septembre 2011.

comme les précédents, à les rendre responsables des injustices qu'ils subissent.

S'ils échouent, *c'est parce qu'ils sont immoraux*.

Certains se diront peut-être que, même s'il ne remplit pas ses objectifs, l'enseignement de la morale laïque ne fera de mal à personne.

C'est une erreur, à mon avis.

Le projet de réintroduire la morale à l'école est dangereux politiquement parce qu'il peut contribuer à stigmatiser encore plus les jeunes vivant dans les quartiers les plus défavorisés.

Personnellement, j'estime que les interventions de l'État sont légitimes lorsqu'elles ont pour objectif de promouvoir la justice sociale sans empiéter sur les libertés individuelles, ce qui me met naturellement du côté d'une gauche qui ne serait pas moraliste, ou conservatrice. C'est de ce point de vue que j'ai critiqué le projet d'enseigner la morale laïque.

Parce qu'il risque de stigmatiser les plus pauvres, il ne contribuera en rien à promouvoir la justice sociale.

Parce qu'il voudrait imposer une certaine conception du bien personnel, il ne contribuera en rien à élargir les libertés individuelles.

Heureusement, la réalisation du projet prendra beaucoup de temps.

Il faudra d'abord attendre les conclusions des commissions déjà mises en place (et d'autres qui pourraient l'être) pour définir le contenu des programmes d'enseignement de morale laïque. Puis viendra le temps de la sélection des futurs professeurs spécialisés en morale laïque (selon quels critères ? les religieux pourront-ils postuler ?) et de leur formation (quelle morale laïque devront-ils transmettre parmi toutes celles qui existent ?).

Il y a des grandes chances que le projet se perde en chemin, comme tous les précédents, ce qui est plutôt rassurant.

ANNEXES

Annexe 1

STATISTIQUES VIOLENCES SCOLAIRES :
LA PRUDENCE S'IMPOSE !

Dans *Le Figaro* du 14 novembre 2012, un titre nous alerte sur l'« augmentation de la violence dans les écoles » en 2011, dans le style catastrophiste habituel du quotidien, dès qu'il s'agit de l'école publique.

Cependant, dans l'article, qui fait référence à l'enquête annuelle *Sivis* (Système d'information et de vigilance sur la sécurité scolaire) publiée sur le site du ministère de l'Éducation nationale, il n'est plus question que d'une « légère hausse » et une certaine prudence dans l'interprétation des résultats est conseillée !

Voici comment l'auteur de l'article présente les données recueillies par *Sivis* : « En 2011-2012, les établissements publics du second degré ont déclaré en moyenne 13,6 incidents graves pour 1 000 élèves, contre 12,6 l'année précédente. Comme les années précédentes, les lycées professionnels affichent le plus fort taux d'incidents (19,6 pour 1 000 élèves) avec les collèges (15). C'est d'ailleurs dans ces établissements que les cas de professeurs agressés se sont le plus fréquemment produits. Avec 5,5 incidents pour 1 000 élèves, les lycées d'enseignement général et technologiques semblent relativement peu affectés. À l'arrivée, 5 % des établissements concentrent à eux seuls 29 % des faits. Quelle est la nature des violences ? À 81 %, elles se caractérisent par des atteintes aux personnes – devant les atteintes aux biens (10 %) et atteintes à la sécurité (9 %). Elles sont davantage verbales (40 %) que physiques (33 %), même si ces dernières ont augmenté de deux points par rapport à l'année précédente. Mais l'augmentation globale du nombre d'incidents doit être nuancée. Car elle est principalement due, mécaniquement, à la prise en compte depuis la rentrée 2011 des situations de harcèlement – à la suite des assises sur le harcèlement scolaire en mai 2011 –, ce qui élargit le champ des incidents recensés. » Aussi, « à champ constant par rapport à 2010-2011, cette hausse s'élève à 0,4 incident[1] », explique l'enquête qui invite d'ailleurs à la prudence quant à l'interprétation d'une année sur l'autre.

La prudence s'impose aussi en général dans

---

1. Caroline Beyer, « Augmentation de la violence dans les écoles », *Le Figaro*, 14 novembre 2012.

les diagnostics catastrophistes puisque, comme on pouvait s'y attendre, ils dépendent des critères retenus, ils ne soulignent pas le fait que la majorité des violences sont verbales, et qu'elles restent concentrées dans certains établissements scolaires seulement, les lycées d'enseignement général et technologiques semblant « relativement peu affectés ». Ces résultats pourraient aussi servir d'invitation à la recherche de causes spécifiques locales, et non générales, à ce qu'on appelle la violence scolaire.

Annexe 2

L'EXPLICATION DE L'ÉCHEC SCOLAIRE : UNE QUESTION OUVERTE ?

Donner la priorité aux explications pragmatistes de l'échec scolaire (pas assez de professeurs, pas assez de débouchés, etc.) par rapport aux explications moralistes (pas assez d'autorité, disparition du goût des humanités, etc.) ne revient pas à dire que les premières pourraient *tout* expliquer !

Des taux élevés d'encadrement d'élèves en difficulté (du genre cours particuliers pour tous) ne donnent pas toujours des résultats probants du point de vue de la réussite scolaire.

D'autre part, il ne semble pas qu'il existe un lien mécanique entre les inégalités socioculturelles de départ et la réussite scolaire.

Il y a de grandes variations d'un pays à l'autre. Dans certains pays, comme la France, la « reproduction » est assez forte. Ceux qui réussissent le mieux sont les enfants de parents longuement scolarisés. Dans d'autres pays, comme la Norvège et la Finlande, la corrélation est plus faible entre ces deux facteurs[1].

Ce qui ressort en général de ces études, si on accepte de les prendre à la lettre sans trop s'interroger sur la construction des données, c'est que l'hypothèse selon laquelle des handicaps socio-culturels insurmontables fixeraient le destin de l'enfant *avant* l'entrée à l'école n'est pas à l'abri des objections.

Les enfants des milieux dits populaires ont, en général, tous les moyens cognitifs de réussir à l'école. Ce qui semble déterminant du point de vue du « rendement de l'apprentissage », c'est le genre de système éducatif auquel ils seront confrontés, et même ce qu'on pourrait appeler le « climat scolaire ».

Apparemment, plus il sera concurrentiel, découpé en filières, fondé sur des hiérarchies, plus les chances des élèves des milieux populaires de réussir seront faibles[2].

1. OCDE (2011), Résultats du PISA 2009 : *Surmonter le milieu social : L'égalité des chances et l'équité du rendement de l'apprentissage* (vol. II), PISA, Éditions OCDE, http://dx.doi.org/10.1787/9789264091528-fr.

2. Jean-Pierre Terrail, « Les voies de la démocratisation scolaire », *Les cahiers de l'émancipation*, « Pour une école émancipatrice », sous la dir. de Nicolas Béniès, 2012, p. 97-103.

BIBLIOGRAPHIE

AFP, « Vincent Peillon pour l'enseignement de la morale laïque », *lexpress.fr*, 2 septembre 2012.

Audard, Catherine, « John Rawls et les alternatives libérales à la laïcité », *Raisons politiques*, n° 34, 2009, p. 101-125.

Barbe Jean, Marie-France Bazzo, Vincent Marissal, dir., *De quoi le Québec a-t-il besoin en matière d'éducation ?*, Ottawa, Leméac, 2012.

Bauberot, Jean, Micheline Milot, *Laïcité sans frontières*, Paris, Seuil, 2011.

Baumard, Maryline, Aurélie Collas, « 2013, l'année où il faut devenir enseignant », *Le Monde*, 22 septembre 2012.

Baumard, Nicolas, *Comment nous sommes devenus moraux. Une histoire naturelle du bien et du mal*, Paris, Odile Jacob, 2011.

Béguin, François, « 1882-1912 : L'éternel retour de la morale à l'école », *Le Monde*, 3 septembre 2012.

Beyer, Caroline, « Augmentation de la violence dans les écoles », *Le Figaro*, 14 novembre 2012.

Bouhia, Rachid, Manon Garrouste, Alexandre Lebrère, Layla Ricroch, Thibaut de Saint Pol, « Être sans diplôme aujourd'hui en France : quelles

caractéristiques, quel parcours et quel destin ? »,
Économie et statistique, n° 443, 2011, p. 29-35.

Bourdieu, Pierre, Jean-Claude Passeron, *La reproduction*, Paris, Minuit, 1970.

Boyer, Louis, *Le livre de morale des écoles primaires (cours moyen, cours supérieur) et des cours d'adultes*, Paris, éditions des Équateurs, 2011, d'après l'édition originale de la Librairie classique internationale A. Foureau, 1895, p. 140.

Brighelli, Jean-Paul, *La fabrique du crétin. La mort programmée de l'école*, Paris, Jean-Claude Gawsewitch éditeur, 2005.

Cabanel, Patrick, « Enseignement de la morale : une nostalgie de l'école de la IIIe République », *Le Monde*, 3 septembre 2012.

Cahuc, Pierre, Stéphane Carcillo, Olivier Galland et André Zylberberg, *La machine à trier. Comment la France divise sa jeunesse*, Paris, Eyrolles, 2011.

Canto-Sperber, Monique, dir., *Les paradoxes de la connaissance. Essais sur le* Ménon *de Platon*, Paris, Odile Jacob, 1991.

Carra, Cécile, Daniel Faggianelli, *Les violences scolaires*, Paris, PUF, 2011.

Chevalier, Christian, *France 24*, 2 septembre 2011.

Circulaire n° 2011-131 du 25 août 2011 relative à l'instruction morale à l'école primaire.

Cocq, François, Francis Daspe, « La loi d'orientation scolaire : pour une école du peuple », *Libération*, 9 octobre 2012.

Cosmides, Leda, « The Logic of Social Exchange », *Cognition*, n° 31, 1989, p. 187-276.

Debarbieux, Éric, « Pédagogie contre violence. Entretien avec Éric Debarbieux », propos recueillis par

Bibliographie

Martine Fournier, *Sciences humaines*, « L'école en questions », septembre 2010.

Delsol, Chantal, « Retour de la morale à l'école primaire... », *Le Figaro*, 6 septembre 2011.

Dely, Renaud, « Les néo-fachos et leurs amis », *Le Nouvel Observateur*, 20-26 septembre 2012.

Dubet, François, « Les "points durs" ne sont pas abordés frontalement », entretien avec Aurélie Collas, *Le Monde*, 10 octobre 2012.

Duvoux, Nicolas, *Le nouvel âge de la solidarité. Pauvreté, précarité et politiques publiques*, La République des idées, Paris, Seuil, 2012.

Dworkin, Ronald, « The Election – II », *The New York Review of Books*, 8 novembre 2012.

Fassin, Éric, *Démocratie précaire. Chroniques de la déraison d'État*, Paris, La Découverte, 2012.

Ferry, Jules, « Lettre du ministre de l'Instruction publique aux instituteurs, en date du 17 novembre 1883 », dans *Discours et Opinions de Jules Ferry*, publiés avec commentaires et notes de Paul Robiquet, Paris, Armand Colin, 1893, tome IV, p. 259-267.

Finkielkraut, Alain, « Enseigner la morale laïque ? », propos recueillis par Caroline Brizard et Arnaud Gonzague, *Le Nouvel Observateur*, 20-26 septembre 2012.

Finkielkraut, Alain, « Avant le cogito, il y a bonjour », dans Claude Habib, Philippe Raynaud, dir., *Malaise dans la civilité*, Paris, Perrin, 2012, p. 17-26.

Fize, Michel, propos rapportés dans « Prof : un métier à risques », *Direct Matin*, 17 septembre 2012.

159

France 24, « Polémique autour du retour de la morale à l'école », 2 septembre 2011.

Froment, Jean-Baptiste de, « Non pas plus de profs, mais de meilleurs enseignants », *Le Monde*, 5 septembre 2012.

Goyet, Mara, « À l'école des bureaucrates », *Le Monde*, 7-8 octobre 2012.

Goyet, Mara, *Collège de France*, Paris, Fayard, 2003.

Habermas, Jürgen, « Dialogue between Jürgen Habermas and Charles Taylor », dans Eduardo Mendieta et Jonathan Vanantwerpen, dir., *The Power of Religion in the Public Sphere*, New York, Columbia University Press, 2011, p. 60-69.

Habib, Claude, Philippe Raynaud, dir., *Malaise dans la civilité*, Paris, Perrin, 2012.

Haidt, Jonathan, *The Righteous Mind. Why Good People are Divided by Politics and Religion*, Pantheon Books, 2012.

Haidt, Jonathan, Craig Joseph, « The Moral Mind : How Five Sets of Innate Intuitions Guide the Development of Many Culture-specific Virtues and Perhaps Even Modules », dans P. Carruthers, S. Laurence et S. Stich, dir., *The Innate Mind*, vol. 3, 2007.

Haidt, Jonathan, « The Emotional Dog and its Rational Tail. A Social Intuitionist Approach to Moral Judgment », *Psychological Review*, n° 108, 2001, p. 814-834.

Hurka, Thomas, *Perfectionism*, Oxford, Oxford University Press, 1996.

Ifop, sondage effectué du 4 au 6 septembre 2012 pour *Ouest-France* (*Dimanche Ouest-France*, 8 septembre 2012).

Bibliographie

Kohlberg, Lawrence, « My Personal Search for Universal Morality », *Moral Education Forum*, vol. 11, n° 1, 1986, p. 4-10.

Laborde, Cécile, *Français, encore un effort pour être républicains !*, Paris, Seuil, 2010.

Lahire, Bernard, *L'invention de l'« illetrisme »*, Paris, La Découverte/poche, 2005.

Levitt, Steven D., Stephen J. Dubner, *Freakonomics*, (2005), trad. Anatole Muchnik, Folio-Gallimard, 2007.

Liogier, Raphaël, *Le mythe de l'islamisation*, Paris, Seuil, 2012.

Larmore, Charles, *The Autonomy of Morality*, Cambridge, Cambridge University, 2008.

Mabilon-Bonflis, Béatrice, « Face à la violence scolaire, la pédagogie ? », *The Huffington Post*, 23 septembre 2012.

Maclure Jocelyn, Charles Taylor, *Laïcité et liberté de conscience*, Paris, La Découverte, 2010.

Maury, Liliane, *L'enseignement de la morale*, Paris, PUF, 1999.

Médiapart, « Vincent Peillon à propos de la morale laïque », http://www.dailymotion.com/video/ xugrmt_en-direct-de-mediapart-vincent-peillon- l-ecole-et-la-societe_news#from=embediframe.

Mill, John Stuart, *De la liberté* (1859), trad. Fabrice Pataut, Presses Pocket, 1990.

Moulin, Stéphane, « Laïcité : de quoi es-tu le nom ? », *Les cahiers de l'émancipation*. Pour une école émancipatrice, Nicolas Béniès, dir., 2012, p. 15-22.

Nemo, Philippe, *La France aveuglée par le socialisme*, Paris, Bourin éditeur, 2011.

Nucci, Larry, P., *Education in the Moral Domain*, Cambridge, Cambridge University Press, 2001.

Nurock Vanessa, *Sommes-nous naturellement moraux ?*, Paris, PUF, 2010.

Observatoire des inégalités, « Les inégalités en France », *Alternatives économiques*, hors-série poche, n° 56, septembre 2012, p. 34-46.

OCDE (2011), Résultats du PISA 2009 : *Surmonter le milieu social : L'égalité des chances et l'équité du rendement de l'apprentissage* (vol. II), PISA, Éditions OCDE, http://dx.doi.org/10.1787/9789264 091528-fr.

Ogien, Ruwen, *L'État nous rend-il meilleurs ? Essai sur la liberté politique*, Paris, Gallimard, 2013.

Ogien, Ruwen, « Les intuitions morales ont-elles un avenir ? », *Les Ateliers de l'éthique*, vol. 7, n° 3, automne 2012, p. 107-116.

Ogien, Ruwen, *L'influence de l'odeur des croissants chauds sur la bonté humaine et autres questions de philosophie morale expérimentale*, Paris, Grasset, 2011.

Ogien, Ruwen, « Quelle morale et pour qui ? L'éternel retour de la morale à l'école », *La vie des idées*, http://www.laviedesidees.fr/, 6 décembre 2011.

Ogien, Ruwen, *L'éthique aujourd'hui. Maximalistes et minimalistes*, Paris, Gallimard, 2007.

Peillon, Vincent, « Le retour de la morale jusqu'en terminale », entretien avec Adeline Fleury, *Le Journal du Dimanche*, 2 septembre 2012.

Peiron, Denis, « La morale laïque à l'école, une question controversée », *la-croix.com*, 2 septembre 2012.

Bibliographie

Piaget, Jean (1932), *Le jugement moral chez l'enfant*, Paris, PUF, 1995.

Piquemal Marie, « Dans la France post-68, la morale est devenue un gros mot à l'école », *Libération*, 31 août 2011, entretien avec l'historien de l'éducation Claude Lelièvre.

Platon, *Ménon*, trad. Monique Canto-Sperber, GF-Flammarion, 1991.

Ravitch, Diane, « School Reform : A Failing Grade », *The New York Review of Books*, 29 septembre 2011.

Rawls, John, *Libéralisme politique* (1993), trad. Catherine Audard, Paris, PUF, 1995

Rawls, John, *The Law of Peoples,* Harvard, Harvard University Press, 2001.

Rawls, John, *Théorie de la justice* (1971), trad. Catherine Audard, Paris, Seuil, 1987.

Raz, Joseph, *The Morality of Freedom,* Oxford, Clarendon Press, 1986.

Remy, Vincent, « La gauche peut-elle sauver l'école ? », *Télérama,* 12 septembre 2012.

Renaut, Alain, « Les prochaines guerres seront-elles des guerres de religion ? », *Les Ateliers de l'éthique*, vol. 7, n° 3, automne 2012, p. 13-18.

Sahlberg, Pasi, *Finnish Lessons. What Can the World Learn from Educational Change in Finland ?* », New York, Teachers College Press, 2011.

Savidan, Patrick, *Repenser l'égalité des chances*, Paris, Grasset, 2007.

Schweder Richard A., « The Psychology of Practice and the Pratice of the Three Psychologies », *Asian Journal of Social Psychology*, n° 3, 2000, p. 207-222.

Sperber, Dan, « Remarques anthropologiques sur le relativisme moral », dans J.-P. Changeux, dir., *Les fondements naturels de l'éthique*, Paris, Odile Jacob, 1991, p. 319-334.

Spitz, Jean-Fabien, *Abolir le hasard ? Responsabilité individuelle et justice sociale*, Paris, Vrin, 2008.

Sunstein, Cass R., « The Election – I », *The New York Review of Books*, 8 novembre 2012.

Terrail, Jean-Pierre, « Les voies de la démocratisation scolaire », *Les cahiers de l'émancipation*, « Pour une école émancipatrice », sous la dir. de Nicolas Béniès, 2012, p. 97-103.

Testard-Vaillant, Philippe, « La longue route vers l'âge adulte », *Journal du CNRS*, n° 236, septembre 2009.

Turiel, Elliot., *The Culture of Morality*, Cambridge, Cambridge University Press, 2002.

Wall, Steven, George Klosko, dir., *Perfectionism and Neutrality*, Oxford, Rowman & Littlefield Publishers, 2003.

Wilson James Q., George L. Kelling, « Broken Windows. The Police and Neighborhood Safety », *The Atlantic Monthly*, mars 1982.

Remerciements

C'est Patrick Savidan qui a eu l'idée de ce court livre d'intervention dans le débat public sur l'école.

Maintenant qu'il est fini, je peux le remercier de m'avoir convaincu de l'écrire, et lui dire comme son soutien du début à la fin m'a été précieux.

Je dois avouer que j'ai beaucoup hésité avant d'accepter, entre autres parce que je ne suis pas un expert en questions scolaires.

Mais j'ai pu compter sur les commentaires, les objections, les demandes de précisions de collègues et d'amis particulièrement généreux et compétents.

Merci à mes premiers lecteurs, toujours les mêmes, toujours aussi patients et attentionnés : Valérie Gateau, Albert Ogien, Jacky Katuszewski,

La guerre aux pauvres commence à l'école

Sophie Dufau, Sonia Kronlund, Tiphaine Besnard, Roberto Merrill, Patricia Allio et Maryline Gillois.

Merci à Andrée-Anne Cormier, Martin Gibert, Nicolas Tavaglione, Florent Guénard, Pascal Séverac, pour leurs remarques précises, justes, toujours utiles.

Merci à Marc-Antoine Dilhac, Christian Nadeau, Patrick Turmel, Corine Pelluchon, Marie Gaille, Charles Girard, Marta Spranzi et Christine Tappolet, pour nos conversations informelles sur ces questions.

Merci enfin à Kristiina Hauhtonen, toujours là quand le moral philosophique (et autre) fléchit.

J'ai présenté mes idées sur la morale laïque dans un entretien avec Willy Le Devin, paru dans *Libération* le 4 septembre 2012, puis dans un débat public avec Alain Finkielkraut, modéré par Caroline Brizard et Arnaud Gonzague, paru dans *Le Nouvel Observateur* du 20-26 septembre 2012, sous le titre « Enseigner la morale laïque ? », et, enfin, dans une conversation avec Claude Habib au *Collège de philosophie*, le 13 novembre 2012, à l'invitation de Jean-Cassien Billier et de Pierre-Henri Tavoillot.

Merci à tous pour leurs excellentes questions.

TABLE

Mise en pages PCA
44400 Rezé

Cet ouvrage a été imprimé
par CPI Bussière
à Saint-Amand-Montrond (Cher)
en février 2013

Dépôt légal : février 2013
N° d'édition : 17601 – N° d'impression :
Imprimé en France